Eva Maaser

Kim und die Verschwörung am Königshof

Eva Maaser

Kim und die Verschwörung am Königshof

Mit Zeichnungen
von Joachim Knappe

COPPENRATH

ISBN 978-3-8157-7878-4

Einband- und Innenillustrationen: Joachim Knappe
Paris-Karte: kings of France from Pharamond to Louis XIV,
1698 (hand-coloured engraving), French School,
(17th century) / Private Collection, / Bridgeman Giraudon
Innengestaltung: Matrix Typographie & Gestaltung, Hamburg
Gesamtherstellung: Clausen & Bosse, Leck
Printed in Germany
www.coppenrath.de

Für Annika

E. M.

Inhalt

Das Dämonenmädchen

»Du bist ja Chinese!«

Kim überlegte, ob diese Feststellung lediglich Erstaunen oder auch eine Spur Verachtung verriet.

»Halbchinese«, stellte er widerwillig richtig.

»Ach so. Das ist ja nur halb so schlimm. Und was kriegst du die Stunde? Schön, dass du wenigstens ein bisschen deutsch sprichst. Vielleicht lassen wir dich morgen bei uns das Laub zusammenfegen.«

Kim beschloss sich mit dem Ärgern Zeit zu lassen. In der fremden Stimme klang etwas durch, was ihn misstrauisch machte. Das Mädchen, das ihn über den Zaun hinweg anstarrte, sah sonderbar genug aus, um es seinerseits anzustarren. Er konnte sich nicht erinnern schon einmal solche Haare gesehen zu haben. Sie wirkten wie rote Drahtwolle. Und dann die Augen! Eindeutig Katzenaugen, grüne Katzenaugen in einem käseweißen Gesicht. Beim Gedanken an Käse schnitt Kim vor Abscheu eine Grimasse. Er würde nie verstehen, wie jemand Käse essen konnte. Er hatte einmal welchen probiert und ihm war sofort schlecht geworden.

Etwas von seinem Ekel musste das Mädchen aus seiner Miene gelesen haben und das war ganz erstaunlich. Normalerweise konnten Europäer aus seiner Miene überhaupt nichts lesen. Anscheinend war dieses Mädchen überdurchschnittlich intelligent. Das machte ihn neugierig.

»Was ist? Hat dir die Aussicht auf einen zweiten Job die Sprache verschlagen? Wenn du natürlich nur blöd in der Gegend herumstehst, können wir auf dich verzichten.«

Die Rothaarige deutete auf den Rechen, auf den er sich stützte. Inzwischen war Kim zu der Überzeugung gelangt, dass die rote Drahtwolle und die grünen Augen Kennzeichen eines Dämonenwesens sein mussten, und dazu passten auch die Sommersprossen. Flecken wie auf der Haut einer Naja, einer tödlich giftigen Schlange. Mit Sicherheit war hier Vorsicht geboten.

Nachlässig warf er den Rechen beiseite und entfernte sich ein paar Schritte vom Zaun. Noch etwas war ihm an dem Mädchen aufgefallen. Es war wenigstens einen halben Kopf größer als er und das versetzte ihn nun doch in schlechte Laune.

»He! Du bist noch nicht fertig! Ich sag Tante Betty, dass du deine Arbeit nicht ordentlich machst. Wie heißt du überhaupt?«

So würdevoll wie möglich wandte sich Kim um. »Kim. Kim Reimer.« Und dann begriff er endlich. Sie wusste natürlich, wer er war. Aber das besserte seine Laune kein bisschen. Großtante Betty hatte ihren Nachbarn sicher längst alles über ihren Neffen Lutz Reimer und seinen halbchinesischen Sohn erzählt. Dass sie aus Shanghai hierher gezogen waren, ein halbes Jahr nach dem Tod von Kims Mutter. Aus der Weltstadt Shanghai in ein Kaff namens Drensteinfurt, um im Haus seines Großvaters zu leben. Das Dorf bestand nur aus einer Handvoll kleiner Häuser und einer Spielzeugkirche. Nicht ein Hochhaus! Und selbst im Zentrum war es so still wie auf einem Friedhof. Kein Autohupen, kein schrilles Gekreisch, keine laute Musik. Kim schüttelte sich in Gedanken.

»Ach, du bist Kim?«, flötete sein Quälgeist und streckte ihm über dem Zaun die Hand entgegen. »Ich bin Lisa Wagner.« Sie betonte jede Silbe, als ob er schwerhörig wäre. »Du verstehst? Ich bin deine Nachbarin.« Ihre grünen Augen funkelten übermütig.

Es wurde Zeit, dass er sich etwas einfallen ließ. Er benahm sich gerade wie ein Trottel, und das vor einem Mädchen!

Ohne die ausgestreckte Hand zu beachten, kreuzte er die Arme vor der Brust und verneigte sich tief. »Ich mich fülchten vor Dämonenmädchen, das hat glühenden Dlaht um Kopf.«

Da hatte er wohl ins Schwarze getroffen.

Ihr Gesicht verfinsterte sich schlagartig, anscheinend war er nicht der Erste, der sie wegen ihrer roten Haare aufzog. Jetzt würde sie gleich anfangen zu kreischen, da war er ganz sicher. Das konnte peinlich werden!

Doch zu seiner Überraschung lachte Lisa laut auf.

»Nicht schlecht gekontert, Kim. Aber den Witz, dass Chinesen angeblich kein ›R‹ aussprechen können, kannte ich schon. Hast du noch was Besseres drauf?«

Er wollte gerade angesäuert nachfragen, was sie damit meinte, als laut kläffend ein kleiner weißer Hund an den Zaun gerannt kam. Es war einer von der wuscheligen Sorte, bei dem man nicht auf den ersten Blick erkannte, wo vorn und hinten ist. In diesem Fall war die Sachlage aber klar, weil der Kleine die Vorderpfoten in die Zaunmaschen stemmte, das Mäulchen weit aufriss und alle seine spitzen Zähne zeigte.

Kim gab sich begeistert. »Ich mag Hunde!«, überschrie er den Kläffer.

»Still, Willie!«, kommandierte Lisa. Willie kümmerte sich einen Dreck um den Befehl. Erst als Lisa energisch in sein Zottelfell griff und ihn vom Zaun wegzog, gab er Ruhe.

»Was hast du gesagt?«, fragte sie an Kim gewandt.

»Ich mag Hunde«, wiederholte Kim bereitwillig, »geschmort schmecken sie am besten. Wann schlachtet ihr euren? Ich könnte deiner Mutter ein gutes Rezept …«
Lisa schnappte nach Luft.
Volltreffer, stellte Kim befriedigt fest.
Angriffslustig streckte Lisa den Kopf vor. »Das kannst du dir irgendwohin stecken. Noch so eine nette Bemerkung über Hunde und ich zeig dir morgen in der Schule, wo's bei uns langgeht.«
Mit einem Seufzer ließ Kim die Schultern hängen. Vor dem ersten Schultag in einer fremden Schule, in einem fremden Land graute ihm, seit er vor einer Woche auf dem Frankfurter Flughafen angekommen war. Mitten in den hiesigen Herbstferien, an einem nebelgrauen Tag. Und jetzt hatte er eine nebelgraue Woche ganz allein in Tante Bettys Gesellschaft hinter sich und fragte sich, ob in Deutschland jemals die Sonne schien und ob er jemals Tante Betty entkommen würde.
Auf Tante Betty war er nicht richtig vorbereitet worden. Sein Vater war schon zwei Tage, nachdem er ihn in Drensteinfurt abgeliefert hatte, zurück nach Shanghai geflogen. Er musste noch einiges an seinem alten Forschungsinstitut regeln, bevor er seine neue Stelle an einem Institut der Universität in Münster antrat. Lutz Reimer war ein in der Fachwelt sehr geschätzter Biotechnologe,

im gleichen Fach war auch Kims Mutter tätig gewesen. Kim hatte seinen Vater angefleht ihn ja nicht allein in diesem düsteren, alten Haus in der westfälischen Provinz zu lassen. Aber Lutz Reimer hatte gemeint, er könne die Zeit bis zu seiner Rückkehr in vier Wochen nutzen, um sich mit Tante Betty anzufreunden.

Kim hatte nur undeutliche Erinnerungen an seinen inzwischen verstorbenen deutschen Großvater. Und auch Tante Betty hatte er nur einmal gesehen, als er als Fünfjähriger mit seinen Eltern einen Besuch in Deutschland gemacht hatte. Damals hatten andere Leute im Nachbarhaus gewohnt. An ein freches, rothaariges Mädchen hätte er sich ganz bestimmt erinnert.

Etwas Farbe war in Lisas Wangen gestiegen, vermutlich vor Zorn. Sicher war sich Kim nicht, denn Lisa schaute nicht wirklich wütend drein. Wahrscheinlich machte sie das Geplänkel mit ihm eher kribbelig – genauso wie ihn.

Bevor er das herausfinden konnte, öffnete sich die Terrassentür. Tante Betty trat heraus.

»Du kannst morgen weitermachen, Kim. Komm jetzt rein, es wird dunkel. Der Tee ist fertig.«

Mit dreizehn Jahren um sechs Uhr nachmittags reingerufen zu werden, weil es dunkel wurde, war vor allem deshalb peinlich, weil jemand höchst interessiert lauschte.

Lisa grinste breit. »Dann lass Tante Betty mal nicht warten, sonst wird der Kamillentee kalt.«
»Willst du nicht auch kommen, Lisa?«, rief Tante Betty. »Bestimmt hast du mit Kim noch etwas wegen der Schule zu besprechen.«
Energisch schüttelte Lisa den Kopf. Vermutlich hatte sie schon einmal mit Tante Betty Tee trinken müssen. Geschmacklosen Tee aus fusseligen Teebeuteln.
»Ich hole ihn morgen um sieben ab, der Schulbus fährt zehn nach sieben. – Sei bloß pünktlich fertig, ich warte nicht auf dich!«, setzte sie für Kim hinzu. Sie nahm den Hund auf den Arm und marschierte davon.
Aufgebracht sah Kim ihr nach. Jetzt kommandierten ihn schon zwei weibliche Wesen herum, eine alte Frau und ein Mädchen, das er gerade erst kennengelernt hatte. Betont langsam schulterte er den Rechen und schlurfte zum Schuppen hinter dem Haus, wo die Gartengeräte aufbewahrt wurden.
Wie jeden Tag, seit er hier war, wünschte er sich in Shanghai bei seinen vielen Freunden zu sein, die er schmerzlich vermisste. Die Freunde, die wunderbare Stadt – und Großvater Kao. Er hatte bei ihm einziehen wollen, aber davon wollte sein Vater nichts wissen. Großvater Kao aber auch nicht. Kims chinesischer Großvater war ein geheimnisumwitterter alter Mann von mindestens achtzig oder

neunzig Jahren. Oder hundertzehn. Für hundertzehn sprach die Tatsache, dass er sich jeden Fleck der Erde angeschaut hatte. Bloß wann? Er war nämlich seit Jahrzehnten nicht aus China herausgekommen.

In seiner Jugend hatte er als Mönch in einem tibetischen Kloster gelebt. Manchmal, wenn er etwas mitteilsamer war, hatte er von seinem Leben in den Bergen des Himalaya erzählt, wo es Dinge gab, von denen die Menschen im Westen nichts ahnten oder nichts verstanden. Großvater Kaos Abschiedsgeschenk war so ein Ding. Auf dem Flughafen von Shanghai hatte Kim nur ganz kurz einen Blick darauf werfen können, während er Großvater Kaos leiser Stimme lauschte, die im Lärm des Flughafenbetriebs beinahe unterging. Ihr Flug wurde gerade zum dritten Mal aufgerufen. Deshalb hatte Kims Vater gesagt, er solle das Kästchen schnell einstecken und sich vom Großvater verabschieden.

Nachdem Kim das Geschenk im Rucksack verstaut hatte, hatte er eine Hand zur Faust geballt an die Brust gepresst, die andere flach davorgehalten und sich tief verneigt. Auf diese Art erwies er einem Mann, der uralte Geheimnisse des Universums kannte, seinen Respekt.

Lutz Reimer nannte seinen Schwiegervater allerdings einen Spinner und den größten Lügner aller Zeiten. Er war eben ganz und gar Wissenschaftler.

Buchstäblich in der letzten Sekunde hatte Großvater Kao Kim liebevoll umarmt. »Ich werde jeden Tag auf dich warten«, hatte er ihm ins Ohr geflüstert. Kim hatte gemerkt, dass ihm die Augen feucht wurden. Und da war ihm der Abschied von dem kleinen alten Mann noch schwerer gefallen.

Nachdem er den Rechen in den Schuppen gebracht hatte, ging er zum Haus und dachte über das Abschiedsgeschenk nach: eine seltsame alte Uhr in einem Holzkasten. Mit der Uhr, hatte Großvater Kao erklärt, könne er jederzeit zu ihm reisen, er brauchte dafür keins dieser schwerfälligen Flugzeuge oder eins der noch langsameren Schiffe.

Wie reiste man denn mit einer Uhr?

Die Frage beschäftigte Kim, seit er unter Tante Bettys Fuchtel stand. Tante Bettys erster Satz, wenn sie ihn irgendwelchen Bekannten vorstellte, lautete: »Der arme Junge hat kürzlich seine Mutter verloren.« Und der zweite, mit noch größerem Bedauern ausgesprochene: »Er ist in China aufgewachsen.« Den dritten Satz: »Seine Mutter war Chinesin«, konnte sie sich eigentlich sparen, denn das sah ja jeder.

Tante Betty hatte alle seine Sachen durchgesehen und alles Waschbare in die Waschmaschine gesteckt, kaum dass er in ihrem Haus angekommen war. Als fürchtete sie, er hätte Flöhe oder Wanzen mitgebracht. Großvater Kaos Abschiedsgeschenk hatte sie aber nicht entdeckt. Das hatte er gerade noch aus dem Rucksack ziehen und damit aus dem Zimmer schleichen können. Er war die Treppe zum Dachboden hinaufgesaust und hatte es in einem riesigen Schrank unter einer Wolldecke versteckt. Am gleichen Tag noch hatte Tante Betty die Tür zur Bodentreppe abgeschlossen und Kim damit in schwärzeste Verzweiflung gestürzt. Denn er wusste nicht, wo sie den Schlüssel aufbewahrte. Von morgens bis abends kreisten seitdem seine Gedanken um den kleinen achteckigen Kasten. Die Uhr hatte er noch nicht gesehen, aber seine wildesten Hoffnungen klammerten sich daran. Dabei konnte er jetzt nicht einmal herausfinden, ob die Uhr funktionierte. Und ob sie so funktionierte, wie Großvater Kao gesagt hatte.

Feigling!

Kim war stolz auf seine chinesische Abstammung, die europäische fand er langweilig. Schließlich wusste er, dass beinahe alle wichtigen Dinge wie Papier, Buchdruck, Nudeln und Obstsalat in China bereits erfunden worden waren, als die Europäer noch in Zottelfelle gehüllt durch die Steinzeit stapften.

Tante Betty konnte ihm daher nichts wirklich Wichtiges mitteilen, aber da er ihr als einer älteren Verwandten (einer sehr viel älteren Verwandten) Respekt schuldete, tat er seit einer Woche so, als ob er ihr pausenlos zuhörte. Dass das Mädchen aus dem Nachbarhaus in die gleiche Klasse ging, hatte er aber mitbekommen, auch dass sie ihm schon vor den Herbstferien die Schulsachen besorgt hatte und erst einen Tag vor Beginn der Schule von einer Reise mit ihren Eltern zurückkehren würde. Aber es war wirklich nicht nötig, sich wie ein Dreijähriger an ihre Fersen zu heften, wie es Tante Betty vorschwebte.

Die neue Schule kannte er, weil Tante Betty sie ihm auf einer Fahrt mit dem Bus in die Kreisstadt Münster gezeigt hatte. Er sah kein Problem darin, sie allein wiederzufinden, schließlich kam er aus einer Stadt mit vierzehn Millionen Einwohnern, und außerdem hatten die Chinesen den Kompass erfunden. Logischerweise verirrte sich ein echter Chinese nie.

Kurz vor sieben am nächsten Morgen stand Tante Betty vom Frühstückstisch auf. »Es wird Zeit für dich, Kim«, sagte sie besorgt und hob mahnend den Zeigefinger. »Hast du deine Schultasche gepackt?«
Kim nickte.
»Hast du deine Busfahrkarte eingesteckt?«
Kim nickte.
»Bist du warm genug angezogen?«
Kim nickte automatisch. Aber Tante Betty war nicht zufrieden und machte Anstalten, den Tisch zu umrunden, um seine Unterwäsche zu kontrollieren. Das hatte sie auch vor der Fahrt in die Stadt gemacht. Sie hatte wissen wollen, ob er eins der Unterhemden trug, die sie für ihn gekauft hatte, nachdem sie festgestellt hatte, dass sich in seinem Gepäck nur drei Stück befanden. In Shanghai hatte er selten Unterhemden getragen, dafür war es dort meist zu warm.

Hastig stapelte Kim die Teller übereinander. »Ich räume die schnell in die Spülmaschine.«
Wie erhofft, versetzte die Ankündigung Tante Betty in Panik. »Auf keinen Fall, Junge, du rührst mir die Spülmaschine nicht an.«
Tante Betty war ihm am ersten Tag aufs Klo nachgegangen, um ihm zu erklären, wie die Spülung funktionierte. Sie war felsenfest davon überzeugt, dass es in ganz China nur Plumpsklos gab. Das war nicht einmal völlig falsch. Die meisten Klos in China waren Plumpsklos. Nur hatte Kim in einem Hochhaus gewohnt, in dem es vom Müllschlucker bis zur Mikrowelle einfach alles an modernen technischen Einrichtungen gab. Tante Betty hatte eine Mikrowelle, konnte aber nicht damit umgehen. Jetzt riss sie die Teller an sich und begann sie unter lautem Geklapper in die Spülmaschine einzuräumen.
Kim nutzte den Moment, um seine Schultasche zu schnappen, im Flur seine Jacke vom Haken zu reißen und hinauszuwitschen. Es war fünf vor sieben. Um genau elf Minuten nach sieben hockte er auf den Fersen an der Bushaltestelle und sah einem Bus entgegen. Der Bus kam näher und näher, Kim stand erwartungsvoll auf. Ohne anzuhalten, donnerte der Bus an ihm vorbei. Kinder drückten sich die Nasen an den Fenstern platt, ein Mädchen mit rotem Wuschelhaar gestikulierte heftig

und starrte ihn entgeistert durch die verschmierten Scheiben an. Es war Lisa. Sie schrie etwas, das er nicht verstand. Vielleicht schrie sie dem Busfahrer zu, dass er stoppen sollte, aber der Bus verschwand um eine Straßenbiegung.

»Junger Mann«, sagte eine ältere Frau tadelnd zu Kim, »der Schulbus hält hier nicht, das müsstest du eigentlich wissen.«

»Stimmt«, sagte Kim höflich, »aber ich wollte ausprobieren, ob er es nicht doch tut.«

Den Weg zur Schule legte er im Taxi zurück und musste dafür beinahe sein gesamtes Taschengeld für einen Monat herausrücken. Es blieben ihm noch drei Euro fünfzig übrig.

Der Schulhof wimmelte vor Schülern, als er die Schule erreichte. Es hatte noch nicht zur ersten Stunde geschellt. Kim wand sich durch kreischende Haufen und fühlte sich zum ersten Mal nicht mehr ganz fremd. Denn was ihm in Deutschland am meisten auf den Geist ging, war die fürchterliche Stille. Davon konnte auf dem Schulhof wahrhaftig nicht die Rede sein. Entzückt von all dem Geschrei, hatte er sich beinahe bis zur Schultür durchgekämpft, als ihm ein massiger, einen Kopf größerer Junge in den Weg trat und ihn am Kragen packte.

»He, Leute!«, schrie der Junge. »Ich hab den Japsen gefunden, der in unsere Klasse kommen soll!« Augenblicklich bildete sich ein Ring von Schülern um sie. Kim hielt ganz still.

»Ich bin Halbchinese und kein Japaner, du verwechselst da was.«

»Was du nicht sagst! Siehst du einen Unterschied zwischen Chinesen und Japanern?«, wandte sich der Junge grölend an einen ebenso bulligen Mitschüler, der gerade einige Schwächere rücksichtslos beiseiteschubste.

»Sind alle klein und gelb. Was hat er gesagt? Er ist ein halber Chinese? Dass ich nicht lache! Der ist nur eine Viertelportion. Den machst du mit einer Hand platt, Latte.«

Das klang gar nicht gut. Vergebens spähte Kim nach einer Aufsichtsperson aus, die eingreifen konnte. Eine Prügelei mit einem schrankförmigen Hohlkopf war nicht einmal in seinen schlimmsten Alpträumen vorgekommen. Er wollte sich nicht prügeln. Auf keinen Fall. Ein mulmiges Gefühl breitete sich in seinem Magen aus.

Auf einmal drängte sich ein Rotschopf durch die Gaffer.

»Hört auf, ihr Armleuchter!« Lisa boxte den Jungen, der Kim am Kragen hielt, in die Seite. »Lass ihn los, Latte.«

Latte dachte nicht daran, sondern schüttelte Kim. Einen Augenblick schloss Kim genervt die Augen.

»Jetzt ist er gleich hinüber«, sagte Latte zufrieden. »Mann, ist das ein Hosenschisser.«
Kim blinzelte. »Mir ist schwindlig«, sagte er düster.
»Wovon?«, fragte Latte und schüttelte ihn noch einmal.
Lisa schrie auf und trat Latte vors Schienbein.
»Wovon?«, wiederholte Latte brüllend und versuchte Lisa mit einer Hand abzuwehren.
Kim ließ sich wie ein nasser Sack hängen. »Seht mal«, setzte er leise ein und alle wurden ein bisschen ruhiger, um sich nichts entgehen zu lassen. »Die Erde kreist mit tausend Stundenkilometern um die eigene Achse und mit hunderttausend Stundenkilometern um die Sonne. Und das ganze Sonnensystem samt der Erde und allen anderen Planeten saust mit achthunderttausend Stundenkilometern um das Zentrum unserer Galaxis. Und immer, wenn ich daran denken muss, wird mir schwindlig.«
Ein dicker, etwa zehn Jahre alter Junge in einem knallgelben Anorak starrte Kim aus weit aufgerissenen Augen an. »Mann!«, sagte er bewundernd.
»Ich glaube«, sagte Latte langsam, »du willst nur davon ablenken, dass du ein Feigling bist.«
»Er macht nicht einmal den Versuch, sich zu wehren, hängt nur in deiner Klaue wie eine ertrunkene Ratte«, pflichtete der andere vierschrötige Schüler bei.

»Stimmt«, gab Kim bereitwillig zu, »ich bin ein Feigling.«
Sofort ließ Latte ihn los und wischte sich die Finger an der Hose ab, als hätte er etwas Unappetitliches angefasst. Mit triumphierendem Blick schaute er in die Runde, aber besonders lange sah er Lisa an.
»Haben es alle gehört? Der Neue ist ein Feigling.« Er stapfte an Kim vorbei und zischte Lisa zu: »Jetzt weißt du, woran du bei ihm bist. Er ist eine Niete.«
Die Schulglocke schrillte und alle Schüler drängten sich auf einmal durch die Tür. In dem Wirrwarr schob sich Lisa an Kims Seite. »Es war sehr klug von dir, dass du dich nicht gleich mit Latte angelegt hast. Er ist ein mieser Typ, der jedem seine Stärke beweisen muss. Und ich glaube nicht, dass du ein Feigling bist.«
Erstaunt musterte Kim sie. »Aber ich bin einer«, sagte er aus tiefster Überzeugung.
Der dicke Junge in Gelb tauchte an Kims anderer Seite auf. »Über diese Erddrehungen müssen wir unbedingt reden. Interessierst du dich auch für Raumzeit?«
Lisa seufzte. »Darf ich vorstellen: Mein kleiner Bruder Dennis. Er ist zehn und geht das erste Jahr aufs Gymnasium. Er ist eine echte Klette.«
Dennis nickte grinsend. »Dazu steh ich, so wie du dazu stehst, ein Feigling zu sein. Du bist doch aus voller Überzeugung ein Feigling, oder?«

Du hast es erfasst, dachte Kim, hütete sich aber, es zuzugeben, als er Lisas Blick bemerkte. Wahrscheinlich verachtete sie Feiglinge.

Ohne das Problem mit seiner Jacke wäre der erste Schultag vielleicht noch erträglich verlaufen. Inzwischen hatte Kim mit Lisa den Klassenraum der 7b erreicht und wollte seine Jacke ausziehen. Der Reißverschluss glitt drei Zentimeter nach unten und saß fest. Während die übrigen Schüler Hefte auf die Tische klatschten, mühte er sich weiter mit dem widerspenstigen Ding ab. Ohne Erfolg. Lisa kam ihm wieder zu Hilfe.

»Lass mich das machen«, sagte sie knapp. »Du bist nicht wirklich ein Feigling, nicht wahr?«, erkundigte sie sich nervös und ruckte am Reißverschluss.

Was sollte er darauf antworten, wo sie doch dabei war, seinen Ruf in der neuen Klasse endgültig zu ruinieren? Welcher dreizehnjährige Schüler brauchte Hilfe beim Ausziehen seiner Jacke?

»Setzt du ihn nachher aufs Töpfchen?«, erkundigte sich Latte mit honigsüßer Stimme. Er hatte seinen Platz direkt hinter Kim.

Kim versuchte sich von Lisa loszureißen, stolperte rückwärts über einen Stuhl und fiel zusammen mit ihr hin. Ihre Haare kitzelten seine Wange und in ihren Augen fun-

kelten grüne Lichter. Ganz nah. Kim war verwirrt, weil er Lisa praktisch im Arm hielt. Sie roch wunderbar nach Frühling, der Duft ging ihm durch und durch.
Bevor sie sich aufrappeln konnten, erschien ein Mann mit stoppeligem Dreitagebart und äugte misstrauisch auf sie herab.
»Du gehst ja vielleicht ran, Junge«, sagte der Mann ausdruckslos. »Lass dir das nicht zur Gewohnheit werden, die Mädchen anzugrapschen. Nicht in meiner Stunde.«
Der Dreitagebart gehörte zu Kims neuem Klassenlehrer Dr. Schneider, einem sportlichen Mitdreißiger in ausgewaschenen Jeans. Nach diesem Start behandelte er Kim wie ein exotisches Insekt, das er unter die Lupe nehmen wollte, um herauszufinden, wie gefährlich es war. Kim musste gleich vorne an einem Einzeltisch sitzen und Dr. Schneider feuerte eine Menge Fragen über China auf ihn ab. »Wusstest du«, fragte er missbilligend zum Schluss, »dass China im Begriff steht, einer der größten Umweltverschmutzer der Erde zu werden?«
Kim sagte, das bedauere er sehr.
Als Nächstes wurde er an die Tafel zitiert, um eine Mathematikaufgabe zu lösen. Sobald er damit fertig war, erklärte ihm Dr. Schneider in aller Ruhe, dass das Ergebnis zwar richtig, der Weg dahin aber falsch sei, da hätte er viel aufzuholen.

In den Pausen hänselten ihn Latte und sein Riesenfreund Bobo, aber einige andere Mitschüler zeigten sich richtig nett. Einer tauschte Kims Käsebrot, das ihm Tante Betty in die Schultasche gesteckt hatte, großzügig gegen einen Schokoriegel ein. Trotzdem fühlte sich Kim nach der sechsten Stunde wie ausgelaugt, außerdem war er verschwitzt, weil er die Stunden in der warmen Jacke hatte absitzen müssen. Erst kurz bevor die letzte Stunde zu Ende ging, riss der Reißverschluss entzwei.

Auf dem Weg zum Schulbus pfiff Kim der kalte Wind durch die Rippen und er sehnte sich nach einer heißen Dusche, um sich aufzuwärmen. Allerdings hatte ihm Tante Betty gleich am ersten Tag erklärt, dass er aus Umweltschutzgründen nur einmal täglich duschen durfte. Morgens, nach dem Aufstehen.

Noch bevor er mit Lisa und Dennis die Haltestelle erreichte, hielten ihn Latte und Bobo auf. Latte schlug sich mit der Faust in die andere flach ausgestreckte Hand.

»Ich muss da noch was klarstellen, was Lisa betrifft«, grummelte er.

»Von Lisa«, fügte Bobo hämisch hinzu, »lässt du nämlich in Zukunft die Finger, kleiner Feigling.«

Lisa schrie auf. »Bild dir bloß keine Schwachheiten ein, Latte! Bei mir kannst du nie und nimmer landen.«

Kim hatte schon gemerkt, woher der Wind wehte. Latte schien ja heftig in Lisa verschossen zu sein, aber das kümmerte ihn überhaupt nicht. »Von mir aus«, sagte er gleichmütig. »Ich steh nämlich nicht auf Käsegesichter.«
Auf der Fahrt im Bus nach Hause schaute Lisa beleidigt zum Fenster hinaus und überließ Dennis die Unterhaltung. »Was du über die Erddrehungen gesagt hast, war toll. Du hast Ahnung von Astrophysik, stimmt's? Ich komme dich heute Nachmittag besuchen, dann können wir darüber reden«, kündigte dies erwartungsvoll an.
Lisa wandte sich halb vom Fenster ab. »Das lässt du bleiben, Dennis.« Und zu Kim gewandt, setzte sie säuerlich hinzu: »Ich hab Tante Betty versprochen mit dir Hausaufgaben zu machen, und was ich verspreche, halte ich. Ich werde sehen, ob ich dir in Mathe auf die Sprünge helfen kann. Aber viel Hoffnung habe ich eigentlich nicht.« Und schließlich fuhr sie richtig heftig fort: »Zeigst du nie auch nur ein bisschen Mut?«
Kim sah sie groß an und zuckte die Schultern. »Mein Großvater Kao sagt, Mut ist was für Dumme.« In Gedanken führte er sich noch einmal Latte und Bobo vor Augen. Sie waren zwar groß und kräftig, bewegten sich aber ungelenk. Das würde er sich für die Zukunft merken.
Auf der restlichen Busfahrt sprach Lisa kein Wort mehr mit ihm, dafür Dennis umso mehr. Kim ließ ihn reden.

Die Uhr

Beim Mittagessen aß Kim einen halben Kartoffelkloß und träumte von einer heißen Dusche, weil er immer noch fror. Er stocherte aus dem Gulasch zwei, drei Stückchen Fleisch, die wie gebackener Lehm schmeckten, und schob den Teller von sich.

»Warum isst du denn nicht auf?«, fragte Tante Betty argwöhnisch.

Zum tausendsten Mal erklärte er ihr, dass es in China als sehr unhöflich galt, den Teller leer zu essen.

Er überlegte, ob er noch vor der Rückkehr seines Vaters dank Tante Bettys Kochkünsten genug abgenommen hätte, um durch ein Schlüsselloch zu passen. Das hätte ihm die weitere Suche nach dem Schlüssel für die Tür zur Dachbodentreppe erspart. Wo konnte sie ihn versteckt haben? Bei der Frage packte ihn wieder Unruhe, er begann auf seinem Stuhl herumzurutschen.

Tante Betty nahm ihn in ein anstrengendes Verhör über den ersten Schultag. Jede Einzelheit wollte sie wissen.

Kim flunkerte angespannt drauflos, wie gut alles gelaufen sei, fürchtete jedoch, dass Lisa später seiner Großtante etwas anderes erzählen würde. Ein ausgezeichneter Grund, vorher abzureisen. Kim war nun fest entschlossen, bis vier Uhr das Geheimnis von Großvater Kaos Uhr zu lüften und rechtzeitig zum Nachmittagstee in dessen Haus einzutreffen. Er musste zurück, denn hier hielt er es nicht länger aus.

Nach dem Essen pflegte sich Tante Betty ein Nickerchen zu gönnen, aber ausgerechnet an diesem Tag trödelte sie herum. Erst schimpfte sie ausgiebig, während sie Kims Teller zum Herd hinübertrug und das Gulasch zurück in den Topf kippte.

»Das gibt es morgen wieder!«, drohte sie.

Morgen, dachte Kim aufsässig, würde er hoffentlich vor einem Teller mit köstlichen Nudeln in würziger Sauce sitzen. In Shanghai natürlich.

Dann goss sie die Pflanzen im Wintergarten. Anschließend nahm sie sich Kims Jacke vor und begann umständlich den Reißverschluss herauszutrennen. »Wenn ich einen neuen eingenäht habe«, erklärte sie, »zeig ich dir, wie du damit umgehen musst.« Sie seufzte. »Ich hab mir das mit dir nicht so anstrengend vorgestellt.«

Kim umgekehrt auch nicht.

Der Zeiger der Standuhr war auf Viertel vor vier vorgerückt, als Tante Betty auf einmal gähnte. Sie riss den Mund weit auf und schlug die Hand davor. »Ich habe meinen Mittagsschlaf vergessen«, staunte sie, »ich komme noch ganz durcheinander. Mein ganzer Tagesrhythmus gerät aus den Fugen, seit du da bist.«

Zwei Atemzüge später begann sie in ihrem Sessel zu schnarchen.

Kim lauschte, während er sie genau beobachtete. Anfangs grunzte sie zwischen den Schnarchtönen, aber schließlich erklangen sie sehr ruhig und stetig.

Tante Betty war eine stattliche Frau mit silbergrauen Pudellöckchen und einer Vorliebe für geblümte Hauskleider, die eng ihren tonnenförmigen Körper umspannten. Um ihren dicken, runzligen Hals hing eine Silberkette. An dieser Kette war ein kleiner Schlüssel befestigt, der zu ihrem alten Sekretär* gehörte. Kim vermutete, dass sich das, was er suchte, darin befand, denn überall sonst hatte er schon nachgesehen.

Der kleine Schlüssel lag genau in Tante Bettys Halsgrube. Kim streckte die Hand aus, zuckte aber erst einmal zurück. An das Schlüsselchen kam er nur heran, wenn es ihm gelang, die Kette aufzuhaken. Vorsichtig nahm er sie mit zwei Fingern. Er musste sie so lange um den Hals herumziehen, bis der Verschluss zum Vorschein kam. Die

** Schrank mit herunterklappbarer Schreibplatte und vielen Schublädchen*

dünne Kette wand sich zwischen seinen Fingern und drohte ihm zu entgleiten.

Zehn vor vier. Lisa erschien bestimmt pünktlich.

Tante Betty grunzte und warf einmal den Kopf hin und her. Kim erstarrte und wartete zitternd vor Ungeduld, bis das Schnarchen wieder einsetzte. Mit fliegenden Fingern löste er das Schlüsselchen von der Kette und schlich zum Sekretär.

Zum Glück ließ er sich lautlos aufschließen. Behutsam klappte Kim die Schreibplatte herunter und zog die größte Schublade auf. Da lag tatsächlich ein rostiges, altmodisches Ding. War das der richtige Schlüssel?

Kim blieb keine Zeit, in den restlichen Schubladen nach einem anderen zu suchen. Mit dem Rostding hetzte er in den ersten Stock hinauf. Den Dachboden hatte Tante Betty zum verbotenen Gebiet erklärt. Da lägen so viele Sachen, die sie selbst erst einmal durchsehen müsse. Für die alten Sachen interessierte Kim sich nicht, sondern nur für Großvater Kaos Uhr, die in dem riesigen antiken Schrank steckte.

Mit angehaltenem Atem probierte er den Schlüssel aus. Er drehte sich nicht. Nicht einmal einen Millimeter. Vielleicht war er einfach zu rostig. Kim schlug das Herz wie eine Trommel, die Finger wurden feucht. Was jetzt?

Noch einmal mit mehr Kraft!

Unten klingelte jemand an der Haustür. Kim schielte auf seine Armbanduhr. Lisa kam vier Minuten zu früh. Hoffentlich wachte Tante Betty nicht auf. Noch nicht…
Kim nahm allen Mut zusammen. Langsam, langsam ließ sich der Schlüssel bewegen. Knack!
War der Bart abgebrochen?
Nein, das Schloss war entriegelt. Die Tür schwang auf. Erleichtert rannte Kim die Treppe hoch, zwei Stufen zugleich nehmend. Von unten drang wieder der Klang der Türschelle herauf.
Der Schrank stand an einer Giebelwand unterhalb eines runden Fensters, das vor lauter Staub kaum Licht hereinließ. In weiser Voraussicht hatte sich Kim eine Taschenlampe mitgebracht. Er schaltete sie ein, als er hastig die Schranktür aufzog. Sie knarrte so, dass es im ganzen Haus zu hören sein musste.
In der einen Ecke lag scheinbar unberührt das Deckenbündel. Kim zog es heran, schlug es auseinander und holte das Kästchen heraus. Ein achteckiges Kästchen aus schwarzbraunem stumpfem Holz, das nach nichts aussah. Nach nichts Wertvollem. Die Seiten waren nicht einmal gerade zusammengefügt, so wie bei den Ramschkästchen auf den chinesischen Touristenmärkten. Kim dachte intensiv an Großvater Kao und seinen Hang zu dummen Scherzen, als er den Deckel aufklappte.

Im unteren Flur mischte sich Tante Bettys Stimme mit einer anderen. Gleich darauf kamen leichte Schritte die Treppe in den ersten Stock hinauf.
»Kim?«
Das musste Lisa sein.
Jetzt bedauerte er es, dass er die Tür zur Bodentreppe offen gelassen hatte. Sie befand sich am Ende des oberen Flurs, Lisa musste sie bemerken, sobald sie den ersten Stock erreicht hatte. Verzweifelt konzentrierte er sich auf die Uhr.
In einen breiten Ziffernring waren kleinere eingepasst, aber nicht nur zwei, wie bei seiner Armbanduhr, sondern mindestens fünf oder sechs, die leicht versetzt übereinanderstanden. Zwischen den Ringen sah er in das Uhrwerk, das aus vielen Zahnrädern, Achsen, Zapfen und weiteren Teilen bestand, die er so rasch gar nicht richtig erkennen konnte. In jeden Ziffernring waren chinesische Schriftzeichen eingelassen – anstelle der Ziffern. Ein Zeichen, nämlich das für Mond, erkannte er, aber das war auch schon alles. Am verwirrendsten waren die vielen Zeiger. Zeiger unterschiedlichster Größe aus verschiedenen Metallen. In seinem Magen hatte sich vor Anspannung ein harter Klumpen gebildet.
War das überhaupt eine Uhr? Und wenn ja, was sollte er mit so einer Uhr anfangen?

»Hallo, Kim! Hier bist du also!« Wie zu erwarten war, hatte Lisa ihn entdeckt.

Kim blieb nicht einmal die Zeit, die Uhr wieder zu verstecken. Trotzdem schob er sich mit ihr rückwärts in den Schrank. Mit einer Hand tastete er nach der Decke, um die Uhr darin einzuwickeln.

Lisa lachte und kam näher. »Lass Tante Betty bloß nicht wissen, dass du auf dem Dachboden in ihren alten Sachen kramst. Das mag sie nämlich nicht. Und sie ist schon stocksauer, weil ich sie aus dem Schlaf geklingelt habe. Komm mit runter, bevor sie etwas merkt.« Sie steckte den Kopf in den Schrank, ihr Blick fiel auf die Uhr. »Was hast du da? Leg das lieber zurück.«

»Das gehört mir«, wandte Kim ein und wollte den Deckel zuklappen, aber Lisa hielt ihn fest. »Warte, lass mich das mal genauer ansehen. Was ist das?«

»Nur 'ne billige Reiseuhr. Made in Taiwan. Das Ding interessiert dich bestimmt nicht.« Kim versuchte sich seine grenzenlose Enttäuschung nicht anmerken zu lassen. Er war nicht rasch genug gewesen und musste jetzt auch noch dafür sorgen, dass Lisa die Uhr so schnell wie möglich vergaß. »Sie funktioniert nicht.«

Lisas Finger berührte einen der kleinsten Zeiger. Er begann zu zittern und sich sacht zu bewegen. Gegen den Uhrzeigersinn! Wieso lief er rückwärts?

»Was hast du gemacht?« Kim versuchte den Zeiger anzuhalten, berührte aber einen zweiten, der sich auch sofort bewegte. Gleichfalls rückwärts.
Ein dritter zitterte anscheinend ganz von allein los oder Kim hatte ungeschickt an dem Kasten geruckt.
Die Uhr schien zum Leben zu erwachen. Er spürte, wie das ganze Kästchen in seinen Händen vibrierte und Wärme aussandte – eine beunruhigende Wärme.
»Was heißt hier Reiseuhr?«, fragte Lisa mit belegter Stimme und kroch zu Kim in den Schrank, um die Uhr näher betrachten zu können.
Bevor Kim antworten konnte, kläffte unten im Haus ein Hund und Dennis' Stimme schallte herauf.
»Wo seid ihr?«, schrie Lisas kleiner Bruder.
Lisa und Kim stöhnten gleichzeitig auf.
Jetzt bewegten sich wenigstens fünf der Zeiger, einer trug einen Mond, ein anderer eine kleine Sonne an der Spitze. In der Mitte der Uhr saß ein durchsichtiger Kristall, in dem nun ein grüner Punkt aufleuchtete. Der Kristall begann zu pulsieren. Er mutete geradezu beängstigend lebendig an. Wie ein schlagendes Herz. Kim konnte seinen Blick nicht mehr von diesem magischen grünen Leuchten lösen und Lisa schien es ähnlich zu gehen. Gebannt beugte sie sich über den Kasten. Die Zeiger nahmen langsam, aber unaufhaltsam Fahrt auf.

Lisa und Kim hörten Dennis die Bodentreppe heraufpoltern, begleitet von Willies Japsen.
Ohne den Blick von der Uhr abzuwenden, streckte Lisa die Hand aus und versuchte die Schranktür zuzuziehen.
Vergebens.
Dennis riss ihr die Tür aus der Hand und drängte herein. Willie sprang mit einem Satz auf Lisas Schoß. Hinter ihnen klappte die Tür von selbst zu. Der Schrank begann zu zittern. Das Zittern übertrug sich auf Kims Hände, sodass er die Uhr kaum noch halten konnte. Lisas Zähne schlugen ratternd aufeinander.
Die Zeiger rasten.
Die Taschenlampe, die Kim auf ein Seitenbrett gelegt hatte, fiel herunter und ging aus. Jetzt leuchtete nur noch der grüne Kristall, während der ganze Schrank erbebte, als wollte er aus den Fugen brechen. Kim, Dennis und Lisa schrien, Willie kläffte wie verrückt. Ein Rumpeln und Rattern mischte sich in die Schreie.
Inzwischen drehte sich alles um Kim, ein ungeheurer Wirbel erfasste ihn. Der Kristall pulsierte heftiger, in seinem grünen Licht wurden die Gesichter von Lisa und Dennis geradezu leichenfahl und verzogen sich. Sie zerflossen in dem Wirbel, der sie alle gefangen hielt, und die Schreie verzerrten sich zu einem seltsamen, hallenden Echo.

Für einen Moment sah und hörte Kim gar nichts mehr. Aber dann dröhnte es ihm wie ein Donnerschlag in den Ohren und sie purzelten alle zusammen aus dem Schrank. Kim hielt immer noch mit beiden Händen die Uhr umklammert.

Sonst stimmte nichts mehr.

Das Kabinett

Eine Weile drehte sich noch alles um Kim und kam ganz langsam zur Ruhe. Ihm war kotzübel.

»Mann, das gibt's nicht!« Dennis war der Erste, der seine Sprache wiederfand.

Kim rieb sich mit einer Hand die Augen und sah blinzelnd nach oben.

Auf einem der schwarzen Balken von Tante Bettys Dachboden hatte der Rest eines Vogelnests geklebt. Wo war das Vogelnest? Und wo war der Balken?

Das hier war nicht Tante Bettys Dachboden, ganz sicher nicht. Dieser Raum war auch ziemlich groß, aber anders, *vollkommen anders*. So anders, dass Kim wieder schwindlig wurde. Reiß dich zusammen, befahl er sich, Dachbalken können nicht verschwinden oder sich in das da verwandeln. Über ihm wölbte sich eine in kräftigen Farben ausgemalte Zimmerdecke. Und unter ihm? Da glänzte kunstvolles Parkett statt staubiger Dachbodendielen mit breiten Ritzen dazwischen.

Auf dem Dachboden standen überall schäbige Kisten, Kästen und Truhen herum, außerdem Stühle und Sessel mit zerschlissenen Polstern und ein altes Metallbett. Truhen standen auch hier herum, aber solche aus Edelholz. An den Wänden hingen vergoldete Spiegel, in denen sich außer den Truhen kostbare Sessel, Tische und ein riesiges Himmelbett spiegelten.

Ein Schauder befiel ihn. Alles deutete auf einen unerklärlichen Zauber hin. Ungläubig schaute er sich um, während etwas anderes langsam in sein Bewusstsein drang. Alles, was er trug, kniff und spannte, er kam sich wie eine in die Pelle gestopfte Wurst vor. Vorsichtig streckte er ein Bein aus. Statt der Jeans umhüllten dicke, längsgestreifte Pluderhosen seine Oberschenkel. Weiter abwärts entdeckte er weiße Strickstrümpfe und Stulpenstiefel aus weichem Leder. Ein mächtiges Fremdheitsgefühl befiel ihn. War er überhaupt noch er selbst?

Lisa gab etwas von sich, das wie ein Wimmern klang.

Wimmern hätte er jetzt auch können.

Sehr ungelenk stand Lisa auf.

War das tatsächlich Lisa?

Das schien sie sich auch zu fragen, während sie völlig verstört in einen der Spiegel schaute. Nach einer Weile raffte sie den über den Hüften weit ausladenden Rock mit beiden Händen und drehte sich einmal um sich selbst. Ein eng sitzendes Oberteil mit spitzenbesetztem Ausschnitt und bis zu den Ellbogen reichenden Ärmeln umspannte ihre Brust. Ihr rotes Wuschelhaar hing ihr in exakt gedrehten Locken bis zum Kinn und wurde von einem glänzenden Stirnband am Kopf zusammengehalten. Lisa, fand Kim, sah wie eine Prinzessin aus – wie eine westeuropäische Prinzessin.

Dennis dagegen ähnelte in seinen gelben, bauschigen Kniehosen einem Riesenkürbis.

»Kannst du uns sagen, was eigentlich passiert ist?«, fragte Lisa mit flacher Stimme. »Wo sind wir?«

»Das, das glaub ich einfach nicht!« Dennis wies mit einer ausholenden Geste um sich. »Seht ihr, was ich sehe?« Er glotzte Lisa an. »Bist du's wirklich?«

»Ich weiß es nicht. Wo sind wir?«, wiederholte Lisa beschwörend.

Kim starrte auf die Uhr. Anscheinend hatte Großvater Kao über sie die Wahrheit gesagt. Der Kristall in der Mitte schimmerte nicht mehr grün, alle Zeiger standen still, fast still. Es kam Kim so vor, als zitterten die, die sich bewegt hatten, ganz unmerklich, als warteten sie gespannt darauf, wieder loszulegen.

»Keine Ahnung. Wir sind in die falsche Richtung gereist. Glaube ich wenigstens, aber sonst…« Er stand auf und ging benommen auf den Schrank zu, der keine Ähnlichkeit mit dem auf Tante Bettys Dachboden aufwies. Tante Bettys Dachboden musste sehr weit weg sein, und das nicht nur räumlich. Noch verstand er das Ausmaß der Panne, die ihm unterlaufen war, nicht. »Los, kommt«, sagte er, »wir müssen zurück.« Er öffnete die Tür, die jetzt nicht mehr in einen Schrank, sondern in ein Kabinett* führte, wo in einer Ecke ein paar zusammengefaltete Lappen und ein rauchender Kerzenstumpf lagen. Gegenüber stand ein Armlehnstuhl, in dessen ausladender Sitzfläche eine tiefe Schüssel eingelassen war, aus der es nach Urin stank.

»Ist das alles, was dir einfällt?«, zischte Dennis.

»Willie, komm da weg!«

Lisas leises, aber scharfes Kommando ließ Kim herumfahren. Auf Willie hatten sie nicht geachtet. Der Hund hatte eine Tür entdeckt, die einen Spalt offen stand. Dennis huschte zu ihm, fasste ihn im Nacken und blieb lauschend stehen. Nach ein paar Augenblicken, in denen ihn die anderen beobachteten, winkte er heftig und legte den Finger an die Lippen.

Kim schüttelte nur unwillig den Kopf und deutete auf den Schrank oder das Kabinett, um den anderen klarzumachen, dass sie ihm endlich folgen sollten.

»Wenn ihr hierbleiben wollt – ich verschwinde jetzt«, sagte er fest entschlossen und schob einen Fuß in die

* *winziges Zimmer*

Kabinettstür. So schnell wie möglich wollte er aus dem ganzen Spuk herauskommen.

Willie riss sich los und wuselte in Windeseile in das Nachbarzimmer. Vergeblich schnappte Dennis nach seinem Schwanz, um ihn daran festzuhalten. Lisa rannte zu ihrem Bruder, als ein furchtsames Jaulen durch die angelehnte Tür drang.

Dennis machte Anstalten, Willie nachzustürmen.

»Ich hab da doch gerade was gehört! Und was zum Teufel macht …«, rief eine barsche Stimme aus dem angrenzenden Raum.

Kim fuhr zusammen. Es wurde höchste Zeit, sich wieder mit der Uhr zu beschäftigen, um herauszufinden, wie er doch noch nach Shanghai kam oder vielleicht vorsichtshalber erst einmal zurück in Tante Bettys Haus.

Willie schoss wieder herein. Drei Männer folgten ihm.

Im Großen und Ganzen waren sie wie Kim und Dennis gekleidet, nur wesentlich prächtiger. Alle drei trugen kurze bestickte Umhänge und große Hüte. Auf dem des ersten wippten lange, bunte Federn wie ein riesiger Blumenstrauß. Ein bisschen sahen die Herren aus, als kämen sie direkt aus einem Kostümverleih.

Ganz schlecht aber war, dass sie bewaffnet waren.

Sie stutzten, sobald sie Kim und die anderen beiden bemerkten, und zogen wie auf Kommando ihre Degen blank.

Dennis schrie vor Schreck auf. Er stand den Männern am nächsten und einer von ihnen hielt ihm die Waffe an die Kehle. Kreidebleich legte Dennis den Kopf weit nach hinten und keuchte.

»Wen haben wir denn da?«, fragte der Mann. Die Aufmerksamkeit der drei richtete sich größtenteils auf Dennis und Lisa, in dessen Arme sich Willie geflüchtet hatte. Der Mann trat einen Schritt auf sie zu.

Kim hielt die Gelegenheit für günstig, im Kabinett zu verschwinden. Kaum hatte er begonnen in den Lappen zu wühlen, da klopfte jemand an die Tür.

»Komm heraus«, sagte die gleiche barsche Stimme, die er schon mal gehört hatte, »es hat keinen Zweck, wenn du dich unter dem Kackstuhl verkriechst.«

Dem Kackstuhl? Kim ging ein Licht auf, wozu der eigenartige Stuhl mit der eingelassenen Schüssel diente. Er hatte bestimmt nicht vor, sich darunter zu verkriechen. Mit erhobenen Händen trat er aus dem Kabinett.

»Runter!«, befahl der Mann mit dem ausladenden Federhut.

Kim senkte die Arme, begriff aber, was gemeint war, als er Dennis und Lisa mit dem winselnden Willie im Arm vor der Wand auf dem Boden hocken sah. Langsam ging er neben ihnen in die Knie, bis er eine bequeme Hockstellung eingenommen hatte.

»Feigling«, zischte Lisa empört, den Blick auf die Degenspitze gerichtet, die genau auf ihr Gesicht zielte. »Du wolltest uns im Stich lassen.«

Kim zuckte gleichmütig die Achseln.

»Wo kommt ihr her und was macht ihr hier?«, schnauzte der Mann mit dem Federhut.

Keiner antwortete, aber als die Degenspitze langsam Lisas Wange berührte, stieß Dennis hervor: »Wir haben uns verlaufen.«

Die Degenspitze wich nicht um einen Zentimeter zurück. Kim feixte herausfordernd. »Und wer sind Sie? Mein Großvater hat mir eingetrichtert, dass ich Fremden keine Fragen beantworten darf.« Die Degenspitze, die auf ihn gerichtet war, näherte sich seinem Hals. Der kalte Stahl streifte seine Haut. Kim schluckte angestrengt und alle Muskeln verspannten sich. Äußerlich blieb er aber ruhig. Plötzlich wurde der Degen zurückgezogen.

Der Mann mit dem auffälligen Hut hieb die Klinge einmal zischend durch die Luft. »Sind sie bloß Diebe oder Spione? Was meinen Sie, Monsieur de Roux*? Sie und Hauptmann Braque** passen auf die drei auf, bis ich wiederkomme. Ich werde Madame la Marquise*** holen. Wir müssen uns über die Bälger Klarheit verschaffen.«

Er stolzierte aus dem Zimmer, aber nicht durch die Tür, durch die er hereingekommen war, sondern durch eine

* sprich: *Messiö de Ruh*

** sprich: *Brack*

*** sprich: *Madam la Markies = Markgräfin*

an der gegenüberliegenden Schmalseite des Zimmers. Kim sah den Anfang einer Wendeltreppe, bevor die Tür zuklappte.

Die beiden Männer, Roux und Braque, beides breitschultrige Gestalten, zogen sich ein Stück zurück, um leise miteinander zu reden. Dabei ließen sie die drei am Boden Hockenden nicht aus den Augen und behielten ihre Degen in der Hand.

Dennis rückte enger an Kim heran. »Was machen wir jetzt?«, wisperte er. »Wenn ich noch lange hocke, schlafen mir die Füße ein.«

»Drück den Rücken fest gegen die Wand und stütz dich mit den Händen so ab, dass du blitzschnell aufspringen kannst«, erklärte Kim flüsternd. »Sobald ich dich am Ärmel ziehe, rennst du los.«

Bloß, wohin? Darüber war er sich überhaupt nicht im Klaren.

»Wolltest du dich vorhin wirklich verdrücken und uns alleinlassen?«, fragte Lisa aufgebracht und ruckte mit dem Kopf in Richtung Kabinett.

»Quatsch«, sagte Dennis, »er hat nicht türmen wollen, er hat nur das Ding im Schrank versteckt. Was ist das überhaupt für ein Ding?«

Kim war Dennis dankbar für seine hohe Meinung von ihm, auch wenn sie durch nichts gerechtfertigt wurde.

Ihm fiel ein, dass Dennis die Uhr von Großvater Kao nicht richtig hatte sehen können. »Eine Reiseuhr«, antwortete er.

»Ruhe, ihr Kröten!«, befahl Hauptmann Braque.

Jetzt blieb ihnen nur noch übrig, still sitzen zu bleiben. So konnte Kim nachholen, wozu er vorher nicht gekommen war: Er schaute sich genauer um. Wer immer in diesem Zimmer wohnte, musste sehr reich sein. Überall standen erlesene Kunstgegenstände herum, Marmorstatuen, bemalte Porzellanvasen, Uhren in höchst aufwendig gestalteten Gehäusen, hübsche Schatullen* mit vergoldeten Beschlägen. Die Decke über ihm war mit kleinen Landschaftszenen ausgemalt. Leider entdeckte er keinen brauchbaren Hinweis auf den Ort oder die Stadt, in der sie sich befanden. So fehlte ihm jeder Anhaltspunkt für die Planung der Rückreise. Diese Rückreise wurde immer mehr zu einem unlösbaren Problem.

Lisa räusperte sich leise. »Der Federhut rückt wieder an«, zischte sie gedämpft.

Auch Roux und Braque mussten die Schritte auf der Wendeltreppe gehört haben, sie wandten sich der Tür zu. Der Mann mit dem Federhut brachte drei mit Degen und Pistolen bewaffnete Männer mit – und eine schwarz gekleidete Frau, vor der sich Roux und Braque tief verneigten.

* *Kästchen*

Sobald die schwarze Dame eingetreten war, fixierte sie Kim, Lisa und Dennis mit einem stechenden Blick aus kleinen, dunklen Augen. Während der Mann mit dem Federhut ziemlich gut aussah, war die Dame entsetzlich hässlich. Ihr Mund bildete nur einen dünnen missvergnügten Strich, zu dem sich die Nase wie ein Geierschnabel herabbog. Über den Brauen wölbte sich die Stirn so stark, dass die Augen noch kleiner und tückischer erschienen. Die Haare bedeckte ein schwarzer Schleier wie ein Spinnennetz.

Das war also die Marquise!

»Madame«, sagte der Mann mit den Federn, »sind das neue Dienstboten? Ich wollte nur sichergehen.«

»Was reden Sie da, Concini*? Das müssten Sie doch selbst wissen!«, keifte die Marquise. »Wo kommen die drei her? Was machen sie hier?«

»Das ist ja eben die Frage«, sagte der Mann, der Concini hieß, unbehaglich, »wir haben im Nebenzimmer auf Sie gewartet und geredet und ...« Er hob die Augenbrauen und warf der Marquise einen bedeutungsvollen Blick zu.

»Sie meinen, diese Kinder haben gelauscht? Aber was können sie ...?«

Concini sah jetzt betreten drein, offensichtlich hatte er bei der Dame nicht viel zu melden. Kim fragte sich, ob Dennis etwas aufgeschnappt hatte, als er an der Tür zum

* sprich: *Kontschini*

Nachbarraum gestanden hatte. Und ob es etwas sehr Wichtiges, sehr Geheimes oder sehr Gefährliches sein könnte.
Unter dem giftigen Blick der Dame wurde Kim langsam warm. Auf einmal bemerkte die Marquise Willie – und schnappte hörbar nach Luft.
»Es sind Diebe, kleine, gemeine, dreckige Diebe, die sich in den Louvre* eingeschlichen haben. Sehen Sie doch den Hund, sind Sie denn blind, Concini? Die Kinder haben den Hund der Königin entführt. Kein Wunder, dass wir ihn nirgendwo finden konnten. Mein Schmuck! Bestimmt haben sie auch Schmuck gestohlen! Ich muss sofort nach meinem Schmuck sehen!« Sie stürzte auf eine Truhe unterm Fenster zu, auf der eine Schatulle stand. Gebannt schauten die Männer zu, wie die Marquise die Schatulle zu einem Tisch trug und umständlich mit einem Schlüssel, der ihr an einem langen Band um den Hals hing, aufschloss.
Kim zog Dennis am Ärmel. »Jetzt!«, zischte er leise und sprang auf.

* sprich: *Luwre*

Die Flucht

Schon vorher hatte Kim überlegt, ob sie versuchen sollten, sich in das Kabinett zu quetschen und die Uhr irgendwie in Gang zu setzen, aber wahrscheinlich würden ihnen die bewaffneten Männer sofort in die Quere kommen. Sie mussten später zurückkehren.

Er rannte auf die Tür zur Wendeltreppe zu. Dennis und Lisa mit Willie im Arm kamen zum Glück sofort nach. Aber einer der Männer bekam Lisas Rock zu fassen. Sie riss sich los und Dennis stellte dem Mann ein Bein, sodass er lang hinschlug und der nächste über ihn stolperte.

Kim, Lisa und Dennis rasten in einem halsbrecherischen Tempo die Wendeltreppe hinunter.

Sie endete direkt in einem großen Zimmer, in dem sich eine ganze Anzahl prächtig gekleideter Damen und Herren aufhielt, die ihnen erstaunt entgegenglotzten und aufhörten miteinander zu plaudern. Mitten unter ihnen saß eine dicke Frau in einem ausladenden Sessel. Ihr blondes Haar war auf dem Kopf hoch aufgetürmt und in den Haaren glitzerte Schmuck.

Als Lisa mit Willie die unterste Stufe erreicht hatte, erhob sich die Dame halb aus ihrem Sessel und wedelte sich heftig mit einem Fächer Luft zu.

»Mein Hund! Was machen die mit meinem Hund?«, rief sie fassungslos. »Haltet sie!« Wie erschlagen sackte sie in ihren Sessel zurück.

Von oben polterte der erste Bewaffnete hinter ihnen her. Kim stieß einen Mann aus dem Weg und fegte an der blonden Dame vorbei. Dennis war jetzt neben ihm, auch Lisa holte auf. Sie hatte Willie abgesetzt. Er hielt sich dicht bei ihr und knurrte einen Mann an, der ihn greifen wollte.

Zu viert ließen sie den Raum hinter sich, bevor jemand auf die Idee kam, ihnen ernsthaft in den Weg zu treten.

Eine Weile rannten sie durch weitere kostbar eingerichtete Zimmer und ein paar Flure entlang. Überall trafen sie auf gut gekleidete Menschen. Kim hatte längst die Orientierung verloren. Es wurde immer unwahrscheinlicher, dass sie jemals das Kabinett mit der Uhr wiederfanden.

Dennis machte als Erster schlapp. Er blieb stehen, stützte sich mit einer Hand an die Wand und hielt sich mit der anderen die Seite.

»Ich kann nicht mehr«, keuchte er außer Atem, »ich habe Seitenstechen.«
Kim hatte sich schon gewundert, dass er überhaupt so lange durchhielt. Schließlich sah Dennis nicht danach aus, als ob er viel Sport treiben würde. Unruhig blickte sich Kim nach ihren Verfolgern um, aber er konnte niemanden entdecken, der mit blankgezogenem Degen hinter ihnen herkam. Anscheinend hatten sie sie abgehängt.
Lisa presste den jaulenden Willie wieder an sich. »Und wohin jetzt? Hat einer von euch eine Idee?«
»Warte!« Dennis beugte sich vor und sog laut die Luft ein. »Was meintest du mit Reiseuhr, Kim? Was ist das für eine Uhr? Hat sie etwas damit zu tun, dass wir hier sind?«
Kim hätte lieber nicht geantwortet, sah aber ein, dass er den anderen ein paar Erklärungen schuldete. So kurz wie möglich erzählte er ihnen von Großvater Kaos Geschenk und dass er eigentlich zu ihm nach Shanghai hatte reisen wollen – allein natürlich.
»Das hättest du mir vorher sagen sollen«, sagte Lisa empört, »dann wäre ich nie und nimmer zu dir in den Schrank gestiegen.«
»Ich habe dich nicht dazu eingeladen«, entgegnete Kim gereizt und hielt weiter nach Bewaffneten Ausschau.
Lisa blitzte der Ärger aus den Augen, sie wollte etwas erwidern, aber Dennis kam ihr zuvor.

»Fang jetzt bloß nicht an zu streiten! Wichtig ist doch nur, dass es nicht danach aussieht, als wären wir in Shanghai gelandet, oder?«

Lisa starrte ihn an.

»Oder?«, wiederholte Dennis hartnäckig.

Lisa nickte widerwillig. »Du hast recht. Dann versuchen wir mal herauszufinden, wo wir sind. Der eine der Männer erwähnte den Louvre. Soviel ich weiß, liegt der in Paris und Paris in Frankreich.«

»Louvre?«, hakte Kim ein.

»Das Schloss, in dem früher die französischen Könige wohnten.«

»Früher ist gut«, stieß Dennis japsend hervor und riss an den Knöpfen seiner viel zu engen Weste. »Fragt sich, wann früher. Da habt ihr ja ganz schön was angerichtet. Ihr habt die Uhr völlig falsch eingestellt.«

»Was heißt wir?«, empörte sich Lisa. »Ich habe gar nichts gemacht.«

»Nur einen Zeiger angetickt«, widersprach Kim entschieden, »sodass alle Zeiger falsch herum gelaufen sind.«

»Ich habe nicht ...!«

»Hört auf!«, brüllte Dennis dazwischen und drückte die Hand aufs Herz. »Gleich brech ich zusammen. Ich hab das Gefühl, in einem Panzer zu stecken, der mir die Luft abschnürt. Was ist das bloß alles für ein Zeug, das

ich hier anhabe?« Der oberste Knopf seiner Weste sprang auf.
Kim fühlte sich auch nicht besser. Er fragte sich, was er unter dem Wollumhang, der Weste und dem langärmeligen Hemd noch so alles trug. Außerdem spürte er ein unangenehmes Kratzen auf der Haut. Kalt war ihm jedenfalls nicht mehr. Und in all dem Zeug konnte er sich genau wie die anderen nur schwer bewegen.
»Wenn wir tatsächlich in Frankreich gelandet sind, warum verstehen wir dann die Leute? Sprechen die denn alle deutsch?« Fragend schaute Lisa die anderen an.
»Irgendwas stimmt nicht mit uns«, fuhr sie leise fort, »das macht mir richtig Angst. Wenn ich ehrlich bin, klingt alles, was ich sage, mir selbst ein bisschen fremd.«
Dennis Gesicht hellte sich plötzlich auf. »Ich weiß, was los ist. Wir sprechen Französisch! So habe ich mir Fremdsprachen lernen immer gewünscht. Einfach so!« Er schnippte mit den Fingern.
»Spinnst du? Wir haben uns total verändert. Vielleicht wissen wir in ein paar Stunden nicht einmal mehr, wer wir sind. Wir müssen zurück, so schnell wie möglich.« Lisa geriet außer sich.
»Ich hab euch ja gesagt, dass wir sofort zurückmüssen, aber jetzt ist es zu spät. Da sind sie wieder. Sie haben uns entdeckt«, warf Kim ein.

Tatsächlich tauchten ihre Verfolger auf. Jammernd setzte sich Dennis in Bewegung. »Das Gerenne geht mir auf die Nerven, ich bin für so was nicht gemacht. Können wir diesem Concini nicht erklären, dass alles ein großer Irrtum ist? Vielleicht glaubt er uns.«

»Spar dir deinen Atem, lauf!«, riet Kim und zog Dennis energisch mit sich.

Gleich darauf gerieten sie in einen düsteren Flur, an dessen Ende zwei Wachen gelangweilt vor einer Tür herumlungerten. Aber sobald die drei heranpreschten, kreuzten sie zackig ihre Lanzen und versperrten ihnen den Weg.

Als hätten sie es abgesprochen, duckten sich die drei und schlüpften unter den Lanzen hindurch. Ein Getrappel hinter ihnen verriet, dass sie jetzt auch noch die Wachen auf den Fersen hatten. Es wurde immer brenzliger.

Der Raum, den sie nun erreichten, war ein langgestreckter Saal, in den viel Licht durch eine ganze Reihe von großen Fenstern fiel. Hier standen wieder so viele Leute in plaudernden Gruppen zusammen, dass bei Kim die Hoffnung aufkam, zwischen ihnen untertauchen zu können. Aber dafür waren ihnen die Verfolger vielleicht schon zu dicht auf den Fersen. Er schaute nicht zurück, hörte nur, wie Rufe durch den Saal schallten und dann merkte er, dass er Lisa und Dennis verloren hatte. Er drehte sich um.

Die beiden waren gefasst worden. Entsetzt starrten sie ihn an, während eine der Wachen Willie an sich riss. Ein anderer Mann half das Tier zu bändigen, indem er Willie die Schnauze zuhielt. Sie verschwanden mit ihm, es ging rasch und unauffällig vor sich. Zwei weitere Männer hielten Dennis und Lisa fest. Kim spähte nach rechts und links, noch wurde niemand recht aufmerksam. Oder die Leute taten nur so.
Zwischen zwei Fenstern stand ein Billardtisch, an dem zwei junge Männer in ein Spiel vertieft waren, ein älterer Mann und ein Junge schauten zu. Kim überlegte ernsthaft, ob er allein weiterlaufen sollte, ließ es dann aber bleiben und wartete ruhig ab, bis ihn eine Wache eingeholt hatte und ihm die Hand auf die Schulter legte.
»Habe ich vergessen, mich vorzustellen?«, fragte Kim harmlos.
Die Wache grinste schief. »Dir werden die Späße schon noch vergehen, Bürschchen.« Wenig später kamen die anderen Bewaffneten mit Lisa und Dennis heran.
»Sie haben mir Willie weggenommen«, sagte Lisa mit erstickter Stimme.
»Ich glaube nicht, dass sie ihm was tun«, tröstete Kim sie.
»Ich will ihn aber wiederhaben«, stieß Lisa hervor.
»Klar. Fragt sich nur, wohin sie ihn gebracht haben«, sagte Dennis düster.

»Geht weiter und macht ja kein Aufsehen.« Einer der Bewaffneten puffte Lisa in den Rücken.
Die Männer hielten ihre Gefangenen in ihrer Mitte, es waren jetzt schon wenigstens acht, die sie umringten. Hinter ihnen erspähte Kim den Federhut Concinis.
Dennis schleppte sich nur noch hinkend vorwärts.
Als sie gerade an dem Billardtisch vorbeigeführt wurden, schaute einer der beiden Spieler auf. Er konnte kaum zwei oder drei Jahre älter als Kim sein, war also eher noch ein Junge. Einen Augenblick sah es so aus, als würde er wie die vielen anderen, die sich in dem Saal aufhielten, keine Notiz von ihnen nehmen, aber dann hob er zögernd die Hand. »Was soll das?«, fragte er stockend.
Die Wirkung seiner Frage war erstaunlich. Die Damen und Herren in der unmittelbaren Umgebung hörten auf zu reden und starrten Kim, Dennis und Lisa an. Von hinten näherte sich Concini, der ganze Trupp stoppte und die Männer vollführten eine tiefe Verbeugung.
Wieso verneigten sich erwachsene Männer vor einem stotternden Jungen?
Kim erinnerte sich an einen von Großvater Kaos weisen Ratschlägen, der lautete: Wenn du in ein Dorf gehst, folge den Gebräuchen dort. Vorsichtshalber verneigte er sich ebenfalls, Dennis und Lisa wechselten einen Blick und machten es ihm nach.

»Wieso«, fragte der Junge, »laufen hier Männer mit gezogenem Degen herum? Wer ist dafür verantwortlich?«
Der Junge sah nicht besonders gut aus und war eher klein geraten, das machte ihn Kim sympathisch. Er hatte ein langes pickliges Pferdegesicht, dunkle Augen und dunkle Locken, die ihm unordentlich auf die Schultern fielen. Gekleidet war er schlichter als die meisten anderen ringsum.
Wer war er?
Concini drängte sich von hinten durch die Gaffer. Schwungvoll lüpfte er seinen Federhut und setzte ihn sich mit der gleichen ausladenden Geste wieder auf.
»Ich bitte um Vergebung, Sire*. Meine Leute haben dieses Gesindel gefasst. Diebe, die ich abführen und einsperren lasse. Sie werden keinen Schaden mehr anrichten.« Er lachte unangenehm.
Ein Anflug von Zorn war über das Gesicht des Jungen gehuscht und sofort wieder in einer sehr beherrschten Miene verschwunden. Mit dem anderen Billardspieler und den beiden Zuschauern kam er um den Billardtisch herum, gleichzeitig schob sich Kim unmerklich der Gruppe entgegen.
»Haben Sie das gesehen, Breton? Er hat in meiner Gegenwart ungefragt den Hut wieder aufgesetzt«, sagte der Junge vergrätzt zu seinem Spielpartner.

* sprich: *Ssir*

Darüber machten sich die Leute in Frankreich Gedanken?, wunderte sich Kim. Dieser Concini hatte den Jungen mit seinem Hut geärgert? Was war mit Dennis, Lisa und ihm? Schließlich hatten sie nichts verbrochen, aber danach fragte niemand. Anscheinend war Europa schon früher nur schwer zu verstehen gewesen.

»Das sind Kinder, Marquis*!«, sagte der Junge schleppend zu Concini, er wandte sich an Lisa. »Wer seid ihr drei?«

Lisa machte gekonnt einen Knicks, Dennis verbeugte sich und dann stellten sie sich vor.

Auch Kim verneigte sich wieder. »Ich bin der Enkelsohn von Li Kao, Fürst von Hanghzou.«

Im Gesicht des Jungen regte sich nichts, dafür warfen Lisa und Dennis Kim einen verdutzten Blick zu.

»Er sieht wie ein Tatar aus«, meinte Breton. Der andere Billardspieler war ein ganzes Stück größer und viel kräftiger als der Junge. »Er gehört bestimmt zu der russischen Gesandtschaft, die wir erwarten. Ich wusste nicht, dass sie bereits eingetroffen ist.« Er trat auf Kim zu und beäugte ihn abschätzend. »Tatarisch haben wir hier noch nie gehört. Würdest du etwas in deiner Sprache äußern?«

Kim verneigte sich noch einmal und sagte mit größtem Ernst und Respekt: »*Ma ma ma ma ma*!«

Irgendjemand lachte und in die Augen des Jungen trat ganz kurz ein belustigtes Funkeln.

* sprich: *Marki*

»Beeindruckend«, sagte Breton ironisch, »ich wusste nicht, dass Tatarisch nur aus einem Wort besteht. Es scheint eine leicht erlernbare Sprache zu sein.«
»Es waren fünf verschiedene ›mas‹«, erklärte Kim würdevoll. »Jedes hat eine andere Bedeutung, je nach der Tonhöhe, auf der es gesprochen wird.«
»Genug jetzt«, sagte der Junge. »Wohin wolltet ihr?«
Inzwischen hatten sich einige Männer, die offensichtlich nicht zu Concinis Truppe gehörten, hinter den Jungen gestellt, die Hand unauffällig an der Waffe, als wollten sie ihn beschützen. Gegen wen hatte der Junge wohl Schutz nötig?
Concinis Leute hatten verlegen die Degen weggesteckt.
»Wir wollten«, sagte Dennis mit Leidensmiene, »in die Küche. Ich verhungere.«
Breton beugte sich zu dem fremden Jungen herab und flüsterte ihm etwas ins Ohr, das Kim gerade noch verstehen konnte.
»Wahrscheinlich neues Personal, das sich verlaufen hat. Die Rothaarige gefällt mir. Hübsches Mädchen.«
Der Junge nickte unmerklich.
Verstohlen verglich Kim die Sachen, die Lisa, Dennis und er trugen, mit denen der Damen und Herren ringsum und kam zu dem Schluss, dass sie verglichen mit den anderen, tatsächlich eher bescheiden gekleidet waren.

Bretons letzte Folgerung war also gar nicht so abwegig. Vielleicht hielt er sie für *russische* Dienstboten.

»Sire«, fing Concini wieder an, »bei allem Respekt: Es sind Diebe. Wenn Ihr erlaubt ...«

Der Junge betrachtete Lisa und sie lächelte ihn schüchtern und lieblich an. Das machte sie hervorragend, Kim war versucht Beifall zu klatschen.

Der Junge schnippte mit den Fingern.

»Philipp«, sagte er, »bring die drei in die Küche.«

Kim hatte auf den Jungen, der beim Billard zugeschaut hatte und jetzt vortrat, nicht mehr geachtet. Ein groß gewachsener Bursche mit lockigem blondem Haar, das sich auf seinen Spitzenkragen ringelte.

»Gern, Sire, sofort«, sagte er mit einer Verneigung.

Knapp winkte er, ihm zu folgen, und Lisa und Dennis setzten sich in Bewegung. Kim wollte sich anschließen, nur zu froh, Concini zu entrinnen.

Er spürte eine Degenspitze im Rücken. »Wir kriegen euch«, flüsterte jemand hinter ihm. Sich rasch umwendend bemerkte er Hauptmann Braque, den Gefolgsmann Concinis, der sich sehr im Hintergrund gehalten hatte, als wollte er vermeiden, dass der Junge, der hier anscheinend viel Macht hatte, ihn bemerkte.

Der Page des Königs

Hatte Philipp nicht behauptet, er würde sie gern bis zur Küche bringen?

Sobald er sich ein Stück von den Billardspielern entfernt hatte, setzte er eine verdrossene Miene auf und ging so rasch, dass Dennis schon nach ein paar Schritten nicht mehr mitkam.

»Geht's auch langsamer?«, rief Lisa forsch ihrem Führer hinterher.

»Lass ihn doch.« Dennis sah nervös zurück. »Ich dachte, wir könnten uns verdrücken. Die Hauptsache ist doch, dass wir Concini los sind. Wir müssen ja nicht unbedingt in die Küche. Das heißt, gegen einen Happen zu essen hätte ich nichts einzuwenden.«

»Ich auch nicht«, fiel Kim ein. Seit Tagen hatte er nur noch Hunger.

»Hört auf vom Essen zu reden«, wies Lisa beide zurecht, »was wir brauchen, ist ein Ort, wo wir uns ungestört beraten können. Wir hätten so vieles …« Sie verstummte.

Philipp war stehen geblieben und hatte auf sie gewartet. »Ich habe nicht den ganzen Tag Zeit für euch, der König braucht mich, also sputet euch gefälligst.«

»Der König?«, wiederholten Lisa und Dennis gleichzeitig und drehten sich um. »Welcher König?«

»Stellt euch nicht dumm, ja?«, fauchte Philipp.

Kim schaute gleichfalls zurück. Das war's also. In China hatten Jüngere den Älteren Respekt zu erweisen, es konnte hier in Europa nicht völlig anders sein und falls doch, musste es dafür einen Grund geben.

»Es ist der Junge«, sagte er ruhig. »Der Junge, der dafür gesorgt hat, dass Concini uns gehen ließ.«

Inzwischen beugte sich der Junge wieder über den Billardtisch, als gingen ihn die Leute ringsum nichts an. Aber so versunken in das Spiel, wie er vorgab, war er gar nicht. Er und seine Begleiter beobachteten genau, was um sie herum vorging, stellte Kim fest.

»Der Junge ist der König von Frankreich?«, fragte Lisa erstaunt.

Eigentlich hätte die Frage lauten müssen: Dieser picklige, hässliche Junge, der außerdem noch stottert, ist König von Frankreich? Ja, habt ihr sie noch alle!

»Er ist kein Junge. Wie könnt ihr nur so respektlos von ihm reden? Ludwig der Dreizehnte ist seit dem Tod seines Vaters vor sechs Jahren König, jetzt ist er fünfzehn«,

sagte Philipp. »Wisst ihr denn überhaupt nichts?«, fügte er misstrauisch hinzu.
»Ich bestimmt nicht«, gab Kim zu, »ich weiß nicht einmal, wie man das Datum von heute in deiner Sprache richtig ausspricht.« Er gab sich große Mühe, besonders einfältig dreinzublicken.
Ungläubig schüttelte Philipp den Kopf. »Du willst das Datum von heute wissen?«
Gespannt warteten die drei, ob sich der Page auf die blöd klingende Frage einließ.
»Ja bitte«, hakte Kim nach, »in meiner Heimat haben wir das Jahr des Schweins, verstehst du? Oder das Jahr neunhundertzweiundfünfzig des konfuzianischen Kalenders.« Er fantasierte sich aus dem Stegreif etwas zusammen.
»Na schön, du Witzbold. Nach unserem Kalender haben wir heute den 23.4.1617. Kannst du dir das merken, geht das in deinen Tatarenschädel?«
Dennis stieß einen leisen Pfiff aus, Lisa schluckte.
»Wir werden das mit ihm üben, er ist erstaunlich gelehrig«, sagte sie beherrscht.
Philipp achtete nicht auf sie und tippte Kim auf die Brust.
»Und da wir gerade bei Witzen sind: Du bist uns eine Übersetzung schuldig geblieben. Was heißt ma ma ma ma ma auf Französisch?«

Kim kräuselten sich die Ohren, so falsch klangen die »mas«.

Philipps Finger hatte auf irgendetwas vorn auf seiner Brust gedrückt. Verstohlen sah Kim an sich hinab. Tatsächlich wölbte sich da eine kleine Beule, die ihm bisher nicht aufgefallen war. Vorsichtig legte er die Hand darauf und erspürte einen eiförmigen Gegenstand. Zu gern hätte er nachgesehen, was sich unter dem Stoff seiner Weste verbarg, aber er musste ja erst einmal antworten. Wäre er nicht so abgelenkt gewesen, hätte er sich die Antwort besser überlegt.

»Was *du* gerade gesagt hast, ist wegen der falschen Tonhöhen unübersetzbar, aber mein Satz lautet auf Französisch: Schimpft die Mutter das pockennarbige Pferd?«

Dennis prustete. »Stark, das musst du mir beibringen. Ma ma ma ...«

Philipp legte die Hand drohend an seinen Degengriff und kniff die Augen zu schmalen Schlitzen zusammen. »Sollte das eine Anspielung auf den König und seine Mutter sein?«

Jetzt war Kim der Überraschte. Auf was wollte Philipp hinaus?

»Niemand erlaubt sich einen Witz auf Kosten des Königs«, zischte Philipp wütend und zog den Degen halb aus der Scheide.

Da war er wohl ins Fettnäpfchen getreten, dachte Kim. Hier etwas von sich zu geben, war ja so gefährlich, wie auf eine heiße Herdplatte zu fassen. Um nicht zu zeigen, wie erschrocken er war, grinste er breit.

»Warum sollte ich das? Ich kenne den König doch überhaupt nicht. Ich habe doch nur ein Beispiel dafür gegeben, wie sich meine Sprache anhört, und konnte ja nicht wissen, dass auch noch eine Übersetzung verlangt wird. In meiner Sprache kommt es nicht nur auf die Worte, sondern auch auf den Ton an, aber das habe ich schon erklärt. Und wer bist du? Ein *peng you,* ein Freund des Königs?«

Philipp entspannte sich so weit, dass er den Degen zurück in die Scheide stieß. »Ich bin der oberste Page des Königs, Philipp de Bonsart«, antwortete er hochmütig. »Können wir jetzt weitergehen?«

Dennis hinkte auf das nächste Fenster zu, die Hand in die Seite gepresst.

»Wo willst du hin? Hier geht's lang zu den Küchen!«, rief ihm Philipp nach.

Aber Dennis schleppte sich unbeirrt weiter, sodass die anderen nichts tun konnten als ihm zu folgen.

Lisa hielt Kim am Arm zurück. »Ludwig der Dreizehnte! Ich kann es immer noch nicht fassen, dass wir hier gelandet sind, in Frankreich, in einem Königsschloss. Findest du, dass Ludwig wie ein König aussieht? Was macht er wohl außer Billardspielen?«

Philipp musste sie gehört haben. Über die Schulter warf er ihr einen finsteren Blick zu, sagte aber nichts.

Gleich darauf standen sie alle am Fenster und schauten hinaus.

»Ist das die Seine*?«, fragte Lisa und deutete auf das Wasser, das unten gegen die Mauern des Louvre schwappte. »Der Louvre liegt doch an der Seine?«

»Das ist nicht die Seine, sondern der Wehrgraben. Schau dorthin.«

Jenseits des Wehrgrabens verliefen ein Grasstreifen und eine Mauer, dahinter schimmerte eine breite Uferstraße und erst dahinter floss die Seine. Schwer im Wasser liegende Lastkähne kamen den Fluss herauf. Von den Anlegestellen in der Nähe des Louvre schallten die Rufe der Schiffer herüber. Mit den Kähnen wurden unter anderem die Lebensmittel für die Palastküchen geliefert, um die königliche Familie, die Hofgesellschaft und die Bediensteten zu versorgen, erklärte Philipp. Anfangs gab er sich noch muffelig, aber allmählich schien er Freude daran zu haben, seine Ortskenntnis und seine Vertrautheit mit dem Königsschloss zu beweisen. Das Interesse, auf das er mit seinen Erklärungen stieß, schmeichelte ihm offensichtlich.

* sprich: *Ssän*

Sie befanden sich inzwischen nicht mehr im eigentlichen Louvre, der alten, im Viereck gebauten Festung, machte er ihnen klar, sondern in einem neueren Anbau, der kleinen Galerie. Es gab noch eine große Galerie, die sich an die kleine im rechten Winkel anschloss.

Eigentlich sprach er ausschließlich zu Lisa, von der er kaum den Blick wandte. Die beiden anderen wurden als Zuhörer nur geduldet. Kim kam sich gegen den hübschen Pagen ziemlich mickrig vor. Deshalb war er froh, als Dennis extra laut eine Frage stellte und Lisa unauffällig von Philipp abrückte.

»Wie viele Menschen arbeiten denn im Louvre?«, erkundigte sich Dennis.

»Ungefähr tausend«, antwortete Philipp kühl, redete sich aber dann wieder in Fahrt. »Davon kommen fünfhundert nur für den Tagesdienst über die Brücke an der Südseite herein, es ist die einzige, die den Palast mit der Stadt verbindet. Die anderen fünfhundert bleiben auch über Nacht. Sie wohnen im Louvre, so wie ich. Ich wohne in den Räumen des Königs.« Das Letzte äußerte er mit unverkennbarem Stolz.

Etwas lenkte Kim ab, als er zufällig den Kopf wandte. Aus den Augenwinkeln nahm er eine Bewegung wahr, die ihn reflexartig in die Hocke gehen ließ. Bestimmt hatte Concini ihnen jemanden hinterhergeschickt. Jemand, den sie nicht kannten und der sich unauffällig zwischen den Leuten hielt. Concini fürchtete, dass sie etwas wussten, was sie nicht wissen durften, und auch die Drohung Hauptmann Braques hatte Kim nicht vergessen. Sie waren hier in etwas hineingeraten, das sie nicht überblicken konnten. Aber zunächst einmal wollte er sich über ihre Verfolgung Klarheit verschaffen.

Die fein gekleideten Leute trugen entweder Stiefel oder Schuhe mit erhöhten Absätzen und silbernen Schnallen oder Schleifen. Kim musterte alle genau. Und endlich entdeckte er ein Paar dunkelrote Schnallenschuhe, die mit den Spitzen genau zum Fenster wiesen. Der Mann, der sie trug, ging hin und wieder einen Schritt zur Seite und zurück. Rasch sah Kim zu Dennis, Lisa und Philipp auf und erkannte, dass sie sich exakt so wie die Schuhe vor dem Fenster hin und her bewegten. Kein Zweifel mehr! Sie hatten einen Verfolger, der alles daransetzte, sie nicht aus den Augen zu verlieren. Selbst wenn es ihnen gelang, Philipp abzuschütteln, würde sich ihre Lage nicht verbessern. So wenig sympathisch der Page auch sein mochte, er stellte im Augenblick ihren einzigen Schutz vor Concinis Leuten dar. Kim fragte sich, ob ihnen der Mann auch in die Küche folgen würde.

Er stand auf und versuchte ihn in der Menge auszumachen, aber das gelang ihm nicht. Ihr Spion nutzte

geschickt jede Deckung. Wahrscheinlich, dachte Kim, wimmelte es im ganzen Louvre von Spionen. Concini hatte ja selbst von ihnen gesprochen.
Philipp hatte jetzt genug davon, Lisa und ihrem Bruder etwas zu erklären, er scheuchte die beiden vom Fenster fort und Kim schloss sich ihnen an.
»Wer ist eigentlich dieser Concini?«, fragte er beiläufig.
»Concini ist Marschall von Frankreich und einer der wichtigsten Berater von Königin Maria«, antwortete Philipp.
»Der König mag Concini nicht«, bemerkte Kim.
Unversehens packte ihn Philipp hart am Arm. »Sag so etwas nicht noch einmal! Der König schätzt den Ratgeber seiner Mutter sehr.«
»Tut er nicht«, widersprach Kim eigensinnig, »er hat sich über ihn geärgert, weil Concini seinen Hut wieder aufgesetzt hat. Ich hab gehört, wie er etwas darüber zu dem anderen Billardspieler gesagt hat, zu Breton.«
Auf einmal flackerte so etwas wie Besorgnis in Philipps Blick auf. Der Page wusste zum ersten Mal nicht, was er antworten sollte. »Du musst dich geirrt haben«, murmelte er zögernd.
»Ist es denn wichtig, ob er den Hut aufsetzt oder nicht?«, fiel Lisa ein.
»Ist vielleicht unhöflich«, meinte Dennis kichernd und stieß Kim an.

»Es ist nicht unhöflich«, knurrte Philipp gereizt, »sondern unverschämt, ohne Aufforderung in Gegenwart des Königs den Hut aufzusetzen. Aber für Marschall Concini gelten andere Regeln.«

»Ach nein!« Dennis zwinkerte den anderen vielsagend zu. »Diesen Concini mögen wir auch nicht besonders. Er hat uns beschuldigt Diebe zu sein, obwohl er uns weder kennt noch beim Stehlen erwischt hat. Ich möchte wirklich wissen, was er gegen uns hat.«

Wieder musterte Philipp die drei voller Misstrauen.

Wir sollten nicht von Dieben sprechen, dachte Kim, damit machen wir uns nur verdächtig.

Sie hatten das Ende der Galerie erreicht und verließen sie an den Wachen vorbei, die an der Tür herumstanden. Ohne Weiteres wurden sie durchgelassen. Die Männer nickten Philipp grüßend zu, anscheinend kannten sie den Pagen des Königs gut.

»Warum er euch für schuldig hält, müsst ihr schon selbst wissen«, sagte Philipp abweisend.

»Diese Frau in Schwarz, die Marquise ...«, begann Lisa.

»Hakennase, stechender Blick?«, fiel ihr Philipp ins Wort.

»Ja«, antwortete Lisa, »das ist sie.«

»Wo habt ihr sie gesehen?«

»Verrate uns, wer sie ist, und wir sagen dir, wo wir auf sie gestoßen sind«, warf Kim ein.

»Ich weiß nicht, warum ich euch nicht den Wachen übergebe. Alles, was ich von euch höre, klingt verdächtig.« Philipp schien wirklich ernsthaft zu erwägen, sie den Wachsoldaten auszuliefern.

»Vergiss nicht, was dir der König aufgetragen hat«, sagte Lisa ruhig, »und glaub uns, wir wirken nur so eigenartig, weil wir so wenig wissen und uns nicht auskennen.«

»Da ist was dran«, räumte Philipp zögerlich ein und führte sie über eine breite Marmortreppe ein Stockwerk tiefer. An den Wänden hingen kostbare Wandteppiche, die Jagdszenen zeigten. »Die Marquise heißt mit bürgerlichem Namen Leonora Galigaï. Eigentlich ist sie nicht einmal von Adel, zumindest nicht von Geburt an«, sagte er verächtlich. »Sie ist mit Königin Maria vor zwanzig Jahren aus Italien nach Frankreich gekommen und hat Concini geheiratet. Und jetzt seid ihr dran. Woher kennt ihr sie?«

»Die Marquise hat behauptet, wir hätten uns den Hund der Königin geschnappt«, erklärte Lisa, »dabei ...«

Kim schob sich rasch zwischen sie und Philipp. »Kennst du den Hund der Königin?«

»Er hat mich mal gebissen, als ich ihm was zu fressen reichen wollte. Wenn es nicht der Hund der Königin wäre, würde ich sagen, man sollte ihn mit einem Tritt in den Wehrgraben befördern. Ein launischeres Biest als ihn gibt es nicht.« Philipp verzog das Gesicht und rieb sich das Handgelenk. »Er soll verschwunden sein. Mich würde es nicht stören, wenn er's bliebe.«

Philipp, überlegte Kim, konnte nicht gesehen haben, wie einer von Concinis Leuten Willie gepackt und davongetragen hatte. Es gab also zwei sehr ähnliche Hunde und Willie war mit dem der Königin verwechselt worden. Ihm schien es aber im Augenblick klüger, den misstrauischen Philipp nicht in die Sache einzuweihen. Lisa hatte das zum Glück begriffen. Sie kam nicht auf Willie und den anderen Hund zurück.

Im Erdgeschoss betraten sie durch einen großen Torbogen den Innenhof des Louvre. Milde Luft und Sonnenschein empfingen sie. Kim atmete tief durch.

»Na endlich!«, rief Dennis freudig. »In dem alten Kasten erstickt man ja.«

Mitten im Hof stand eine prachtvolle Kutsche mit vier riesigen Rappen davor. Die Pferde schnaubten und traten unruhig auf das Pflaster. Philipp ging in einigem Abstand um das Respekt einflößende Gespann herum.

»Das ist die Karosse des Königs«, erklärte er beiläufig und deutete auf einen Mann, der gerade den Wagenschlag öffnete, »und das ist der Hauptmann, der die begleitenden Gardisten befehligt, wenn König Ludwig unterwegs ist.«

Der Hauptmann, ein großer, stattlicher Mann mit breiten Schultern, tippte an seinen Hut, als Philipp mit seinen Begleitern an ihm vorbeikam.

»Wie geht's dir, Philipp?«

»Gut, und gleich noch besser, wenn ich meinen Auftrag erledigt habe. Im Augenblick spiele ich Kindermädchen, Hauptmann Vitry. Ich bringe drei, die sich verlaufen haben, in die Küche.«

Hautpmann Vitry lachte schallend.

»Dieser Philipp«, sagte Dennis leise zu Kim, »ist wirklich ein Großkotz.«

Wenig später öffnete Philipp am Ende eines Flurs eine schwere Tür. Dunst schlug ihnen entgegen und ein Höllenlärm.

»Wartet hier«, sagte Philipp scharf, nachdem er sie in die Küche gewinkt hatte.

Mächtige Säulen trugen die Decke, die Wände waren unverputzt, sodass die riesigen Quadersteine sichtbar blieben. Die gesamte Küche war nicht auf einen Blick zu überschauen. Sie stand voller großer Tische. Gemauerte Herde zogen sich an einer Wand entlang. Über offenem Feuer wurde gekocht. An einem langen Bratspieß drehte sich aufgereihtes Geflügel, an einem anderen ein Ferkel, dessen Schwarte vor Fett glänzte. Fässer, Säcke, meterhohe Krüge und Weidenkörbe lagerten in einer Ecke. Vor einer der Säulen befand sich ein Brunnen, in den Wasser aus einer dünnen Röhre plätscherte.

»Wir könnten uns jetzt verdrücken«, sagte Lisa, »sicher hat die Küche einen zweiten Ausgang. Oben in der Galerie hatte ich das Gefühl, uns verfolgt jemand, aber hierher kann er uns nicht nachgekommen sein.« Zur Küche hatte ein schmaler, gewölbter Gang geführt, wo sie nur zwei Küchenjungen begegnet waren, die eine Wanne mit zappelnden Fischen trugen.

»Bevor wir von hier verschwinden, muss ich was zu essen haben«, wandte Dennis ein und schlug sich auf den Bauch. »Ich bin schon ganz schwach auf den Beinen, weil mein Magen so leer ist.«

»Dass du immer nur ans Essen denkst!«, wies ihn Lisa zurecht.

»An was soll ich in einer Küche denn sonst denken?«

Philipp hatte einen älteren, beleibteren Mann angesprochen und kam mit ihm zurück.

»Ihre neuen Küchenhelfer«, sagte er knapp und wollte verschwinden.

Lisa hielt ihn am Umhang fest. »Wo können wir dich finden, wenn wir dich brauchen? Vielleicht haben wir noch eine Frage.«

»Ich habe euch in die Küche gebracht, und damit sind wir fertig miteinander«, sagte Philipp abweisend. Dann aber packte er plötzlich Kim und zog ihn beiseite. »Was du über den König und Concini gesagt hast, vergiss es! Und vor allem tratsch es nirgendwo herum.«

Kim wartete, bis er losgelassen wurde. »Warum sollte ich? Weder dein König noch Concini interessieren mich wirklich.«

Bevor Philipp die Küche verließ, wandte er sich an Lisa und lächelte sie auf einmal schüchtern an. »Der König wohnt im Westflügel und ich auch. Wenn du mich besuchen willst, wäre es nett, wenn du allein kämst.«

Lisa war viel zu verblüfft, um darauf zu antworten.

In der Küche

»Also, der König schickt euch. Wie großzügig!« Der Koch schob seinen dicken Bauch vor und stemmte die Pranken in die Seiten. »Ich bin Tonton, Monsieur Tonton*. Mal sehen, was wir hier haben.« Majestätisch schritt er um Lisa herum, zupfte sie an den roten Locken und kniff sie in die Wange. »Viel zu hübsch für die Küche. Du gehörst nicht hierher, du bist was für die oberen Etagen. Aber mir kann's egal sein.«
Kim war als Nächster an der Reihe. »Und du? Nicht groß, aber drahtig. Auf alle Fälle bist du fremd hier. Wer hat dich nach Frankreich mitgebracht? Portugiesische Gewürzhändler? Oder Niederländer? Na, mir kann's egal sein.«
Zum Schluss nahm sich der Koch Dennis vor und patschte diesem so auf die Schulter, dass ihm die Knie einknickten. »Endlich einer, der gutes Essen zu würdigen weiß. Du gefällst mir«, dröhnte Tonton. »Nicht wahr, du isst gern?«, fragte er augenzwinkernd.

* sprich: *Missjö Tonton*

»Na und ob! Was gibt es denn Gutes hier?«, fragte Dennis strahlend und schielte zu den bratenden Hühnern.

Tonton lachte und hielt sich dabei den hüpfenden Bauch. Aber im nächsten Moment war seine gute Laune verflogen. »Du bist nicht zum Essen, sondern zum Arbeiten hier«, brauste er auf. »Robin! Schürzen!«

Einige von den Köchen und Küchenhelfern hatten sich um sie versammelt. Allen troff der Schweiß von der Stirn, denn es war heiß in der Küche. Kim sehnte sich nach frischer Luft. Auf Tontons Befehl kam ein Junge mit drei grauen, mit Bändern versehenen Tüchern angerannt. Tonton riss dem Jungen die als Schürzen dienenden Lappen aus der Hand und warf sie Kim, Lisa und Dennis zu.

»Die Umhänge runter und das da anziehen!«, brüllte er.

Kim entfaltete seine Schürze und sah, dass der Stoff von Flecken übersät war.

»Das kleine Fräulein«, Tonton wies auf Lisa, »geht Fische schuppen.«

»Das habe ich aber noch nie gemacht«, wandte Lisa schüchtern ein und verknotete ungeschickt die Bänder ihrer Schürze auf dem Rücken.

»Na und?«, fauchte Tonton. »Du machst es und basta!«

Dennis wurde zum Brunnen abkommandiert. Mit einem Holzeimer sollte er Wasser schöpfen und jedem bringen, der danach verlangte.

»Und du«, sagte Tonton zu Kim, »schnippelst Gemüse klein. Du weißt, was Gemüse ist?«
»Was zum Schnippeln«, antwortete Kim.
Unversehens packte Tonton sein Ohr und zwirbelte es. Der Schmerz trieb Kim Tränen in die Augen.
»Werd nicht frech, verstanden? Und Witze mache in meiner Küche nur ich«, schnauzte der Koch.
In den nächsten Stunden kamen Kim, Lisa und Dennis kaum zum Atemholen. Kim schälte Berge von Zwiebeln und schrappte Möhren, die er anschließend für eine Suppe klein schneiden musste. Dank der Zwiebeln sah er vor lauter Tränen kaum das Messer, mit dem er hantierte. Ab und zu wankte Dennis mit einem vollen Wassereimer an ihm vorbei, aber sie konnten kein Wort miteinander wechseln. Nur mit Gesten und Blicken signalisierte ihm Kim deshalb, was er vorhatte.
Irgendwann hatte Dennis begriffen. Er reckte den Daumen in die Höhe, was wohl so viel wie o. k. heißen sollte. Sobald ein anderer Küchenhelfer die letzte Ladung fertiges Gemüse abgeholt hatte und Kim auf Nachschub warten musste, schlenderte er ein paar Schritte von seinem Arbeitsplatz fort. Niemand achtete auf ihn. Unauffällig tauchte er unter den größten Tisch, der in der Küche stand. Auf diesem Tisch häuften sich Brot und Käse, die auf großen Platten angerichtet wurden.

Unter dem Tisch lag zu Kims Überraschung ein Strohsack, auf dem er es sich gemütlich machte. Aufatmend wischte er sich den Schweiß von der Stirn und öffnete die obersten Knöpfte seiner Weste. Dabei fiel ihm das Ei auf seiner Brust wieder ein. Es hing an einem Band um seinen Hals. Rasch zog er es heraus, schloss aber nur die Hand darum, statt es sich anzusehen. Denn Dennis tauchte unter dem Tisch auf und ließ sich neben ihn fallen.

»Was ist mit Lisa?«, erkundigte sich Kim.

»Sie weiß Bescheid.« Dennis stöhnte. »Meine Arme sind vom Wasserschleppen zehn Zentimeter länger geworden und hängen bis in die Kniekehlen.«

»Das ist gar nichts«, meinte Lisa trocken und kroch zu ihnen. Die Haare hingen ihr wirr ins Gesicht. Ihre schönen Locken hatten sich im Küchendunst aufgelöst. »Nie im Leben esse ich noch mal Fisch. Ich stinke drei Kilometer gegen den Wind danach. Wahrscheinlich werde ich den Gestank in hundert Jahren nicht los.«

»Na und?«, fragte Dennis. »Hier stinken doch alle. Ist euch das schon aufgefallen?«

»Europäer stinken, das weiß jeder in China«, warf Kim lässig ein.

»Was?«, fuhr Lisa auf. »Normalerweise stinke ich nicht.«

»Du merkst es nur nicht. Achselschweiß! So was kennen wir Chinesen gar nicht.«

»Ich habe keinen Achsel…«, regte Lisa sich jetzt auf.
»Ruhe«, zischte Dennis, »das kann uns im Moment wirklich egal sein.«
»Egal ist das überhaupt nicht«, murrte Lisa, lenkte dann aber ein, »nur ist es jetzt wichtiger, dass wir überlegen, was wir tun sollen, um Willie zu finden. Ich hoffe, du hast ihn nicht vergessen und …«, sagte sie angriffslustig zu Kim.
»Eins nach dem anderen«, schnitt ihr Dennis das Wort ab. »Lasst uns erst einmal klären, wie wir überhaupt hierher gekommen sind. Nach Frankreich im Jahr 1617. Davon hängt ab, schätze ich, wie wir wieder zurückkommen können.«
»Mit Großvater Kaos Uhr«, sagte Kim.
»Es muss eine Raum-Zeit-Uhr sein«, hakte Dennis ein, »sie verschiebt irgendwie die Koordinaten auf der Raumzeitachse. Hast du eine Ahnung, wie?«
Kim hockte sich hin, die Fußsohlen am Boden. In dieser Stellung, die jeder Chinese schon als Kleinkind lernt und in der er es stundenlang aushält, konnte er am besten nachdenken.
»Als ob ich mich das nicht auch schon gefragt hätte! Großvater Kao hat mir was zu der Uhr erklärt, aber im Lärm auf dem Flughafen habe ich nur die Hälfte verstanden. Er sagte, so wie ich abreise, käme ich zurück – oder so ähnlich.«

»Macht nicht viel Sinn«, bekannte Lisa stirnrunzelnd.
Eine Weile dachten alle über Großvater Kaos nebelhafte Erklärung nach.
»Es könnte auch«, meinte Kim schließlich, »geheißen haben: Von dort, wo ich ankomme, muss ich die Rückreise antreten.«
Sie ließen die neue Wendung auf sich wirken und kamen alle zur gleichen Erkenntnis.
»Wenn das stimmt, müssen wir zurück in das Kabinett der Madame Concini«, sagte Dennis schaudernd.
»Das müssen wir doch sowieso, die Uhr ist noch dort – hoffe ich wenigstens«, erklärte Kim. Wie groß, fragte er sich, war wohl die Chance, dass noch niemand die Uhr entdeckt hatte? Bei der Überlegung wurde ihm abwechselnd heiß und kalt. Die Aussicht, nicht nur Willie, sondern auch der Uhr nachjagen zu müssen, war furchtbar.
»Damit wissen wir aber immer noch zu wenig«, wandte Lisa ein. »Hat dein Großvater nicht mehr gesagt? Beispielsweise wie lange wir …«
»Still!«, zischte Kim. »Ich versuche mich gerade zu erinnern.« Unruhig fingerte er an dem Ding an seinem Hals herum. »Großvater Kao sagte, ich könnte ihn für einen Umlauf besuchen.«
Sie hatten ihre Stimmen so weit wie möglich gedämpft, denn vor dem Tisch bewegten sich Tontons Helfer hin

und her. Die Röcke der Küchenmädchen fegten den Boden, auf dem Abfälle matschig getreten wurden. Aus den Augenwinkeln hatte Kim einige Meter weiter ein Huschen bemerkt. Es konnte gut und gern eine Maus oder sogar eine Ratte gewesen sein, die nach Nahrung suchte. Die Küche musste ein Paradies für Ratten sein, das Futter lag ja direkt vor ihren Nasen.

»Einer der Uhrzeiger trug eine kleine Kugel, die sich drehte. Sie sah ein bisschen wie die Erde aus«, warf Lisa zögernd ein.

»Das könnte bedeuten, wir sitzen hier eine Erdumdrehung lang fest. Und das heißt …«, vermutete Dennis.

»Ein Jahr?«, fuhr Lisa auf.

»Nicht ein Jahr. Einen Tag. Die Erde dreht sich an einem Tag einmal um sich selbst«, erklärte Kim. »Das bedeutet, vierundzwanzig Stunden nach unserer Ankunft müssen wir wieder im Kabinett der Concini sein, um die Rückreise nicht zu verpassen.« Voller Zweifel starrte er Lisa und Dennis an.

»Ich kann bloß hoffen, dein Großvater hat nicht doch einen Monat oder ein Jahr gemeint.« Lisa schüttelte sich. »Einen Monat Fische schuppen und ausnehmen!«

»Wir sollten es auf alle Fälle mit den vierundzwanzig Stunden versuchen«, schlug Dennis beschwörend vor, »allerdings sehe ich ein paar Schwierigkeiten.«

»Wir müssen das Kabinett der Marquise wiederfinden, und zwar ohne ihren Leuten in die Hände zu fallen und…«, ergänzte Lisa.
»Wir brauchen eine Uhr«, fuhr Dennis fort.
Kim hatte weiter an dem eiförmigen Ding herumgefummelt. Jetzt untersuchte er es genauer. Das Äußere des Eis bestand aus Silber, in das Ornamente eingraviert waren. Gerade hatte er herausgefunden, dass es sich aufklappen ließ. Ein Scharnier hielt die zwei Hälften zusammen. Der obere Teil diente dem unteren als Deckel und der untere trug ein Zifferblatt.
»Die haben wir.« Erstaunt zeigte Kim den anderen das Ei. »Ich schätze, das ist aus meiner Armbanduhr geworden. Ich habe mich schon gefragt, wo sie geblieben ist.«
Zu dritt beugten sie sich über die kleine Uhr. Sie musste ein Vorläufer der Taschenuhren sein.
»Alles, was wir bei uns hatten, verwandelt sich«, sagte Kim.
»Meinst du wirklich?« Dennis begann eifrig in seiner Hosentasche zu kramen. »Ich weiß genau, ich hatte ein Päckchen Kaugummi eingesteckt.«
»Ich würde nicht nachsehen, was daraus geworden ist«, sagte Lisa bestimmt. »Fangen wir noch einmal von vorn an. Wir sitzen hier für vierundzwanzig Stunden fest. Wann genau sind die vorbei? Das müssen wir herausfin-

den. Denn kommen wir auch nur eine Minute zu spät, haben wir vielleicht den Rückreisezeitpunkt verpasst. Dumm ist, dass Kims Uhrenei nur einen Zeiger hat, einen Stundenzeiger. Die Minuten können wir nicht exakt ablesen. Das heißt: Wir wissen nie die genaue Zeit.«

»Doch«, sagte Dennis und wischte unauffällig seine Finger an der Hose ab, »Tante Bettys Standuhr hatte gerade vier geschlagen. Vier Uhr lässt sich mit dem Stundenzeiger auf dem Ei leicht ablesen, oder?« fragte er Kim und wartete nicht auf die Antwort. »Um Punkt vier morgen Nachmittag müssen wir im Kabinett der Concini sein. – In ungefähr zwanzig Stunden.«

»Mit Willie«, sagte Lisa fest, »ohne ihn rühre ich mich von hier nicht weg.«

»So viel liegt dir an deinem Hund?«, fragte Kim überrascht.

»Und ob! Wir Europäer hängen an unseren Hunden.«

Die roten Schuhe

Habt ihr Hunger?« Robin, der Junge, der die Schürzen gebracht hatte, lugte unter den Tisch und huschte im nächsten Augenblick zu ihnen auf den Strohsack. »Ihr sitzt auf meinem Bett, wisst ihr das?«

Robin musste etwa zwölf sein und war nicht größer als Kim, ein dünner Junge mit großen haselnussbraunen Augen und dunklem kurzem Strubbelhaar. Er grinste spitzbübisch und flößte den dreien gleich Vertrauen ein. Nur leider klebte Blut an seinen Händen, die er sich, als er ihre verstörten Blicke bemerkte, verlegen an seiner Schürze reinigte. Sie sah nun noch unappetitlicher aus als vorher.

»Entschuldigt, ich hatte keine Zeit, mir die Hände zu waschen.« Er zog aus seinem weiten, kragenlosen Hemd einen Kanten Brot und ein Stück Käse heraus, beides musste vom Tisch über ihnen stammen.

»Gemopst«, bekannte er fröhlich. »Darauf freu ich mich schon seit mindestens einer Stunde. Ich habe die ganze

Zeit Gedärme gereinigt und jetzt hab ich einen Riesenhunger. Wollt ihr? Das Brot ist ganz frisch.« Dankend lehnten alle drei ab, nachdem Robin mit seinen klebrigen Fingern ein Stück von seinem Brot abgebrochen hatte.
»Du musst Gedärme reinigen?«, fragte Lisa angewidert. Dennis glotzte nur, der Ekel war ihm mehr als deutlich ins Gesicht geschrieben.
»Schafs- und Schweinedärme«, erklärte Robin munter und kaute mit beiden Backen, »sie werden später zum Wurstmachen gebraucht. Jetzt backt Tonton Fleischpasteten, vielleicht fällt was davon für uns ab, aber ich glaub's eigentlich nicht. Bestimmt kriegen wir heute Kaldaunensuppe, die bereitet gerade einer der Unterköche zu.« Robin strahlte, als ob er ihnen eine Weihnachtsbescherung angekündigt hätte.
»Was ist Kaldaunensuppe?«, erkundigte sich Lisa vorsichtig.
»Suppe mit Gemüse und kleingeschnittenem Rindermagen. Lecker!« Er klopfte sich den Bauch.
»I-gitt«, sagte Lisa leise. Dennis verdrehte nur die Augen. Kim amüsierte sich und hatte Lust, den beiden etwas über gebratene Vogelspinnen, marinierte Maden, frittierte Klapperschlange und andere fernöstliche Köstlichkeiten zu erzählen. Die Kaldaunensuppe wollte er auf alle Fälle probieren.

»Du schläfst hier? Der Strohsack ist dein Bett?«, fragte Dennis ungläubig.
»Ich teile ihn mir mit zwei anderen Küchenjungen. Tonton wird euch einen eigenen Schlafplatz zuweisen. Hier könnt ihr nicht bleiben, sonst wird's zu eng.«
Robins Strahlen verflog, abschätzend schaute er sie der Reihe nach an. »Ihr seid komische Käuze. Das habe ich vorhin schon gedacht. Und ich habe gerade etwas von eurer Unterhaltung aufgeschnappt. Was habt ihr mit der Concini zu tun? Ihr habt doch über die schwarze Spinne gesprochen, oder nicht?«
»Schwarze Spinne«, bemerkte Kim anerkennend, »trifft den Nagel auf den Kopf. Wir sind sehr daran interessiert, nicht ins Netz der Spinne zu geraten.«
»Das ist bis jetzt jeder, den ich kenne«, sagte Robin und brach wieder etwas Brot ab, das er sich abwechselnd mit dem Käse in den Mund schob. »Ihr wollt nicht mal Käse?«, fragte er ratlos. Die Ablehnung beleidigte ihn wahrscheinlich ein bisschen.
»Käse«, erklärte Kim bedauernd, »vertragen die meisten von uns Asiaten nicht. Davon bekommen wir Durchfall oder fangen an zu kotzen. Und Brot ist mir zu trocken und krümelig. Erzähl uns was über die Spinne und ihren Mann – Concini. Ich bin sicher, du weißt eine Menge über die beiden.«

Robin kroch erst zum Tischende und spähte von dort prüfend in die Küche. Als er zurückkam, setzte er sich mit leuchtenden Augen auf seinem Strohsack zurecht. Von Kims Frage fühlte er sich offensichtlich geschmeichelt.

»Du hast recht, ich weiß viel über sie. Die Concinis haben die Regentin in der Hand, sie gibt ihnen alles, was sie verlangen: Titel, Schlösser und Geld. Sie haben bereits Millionen aus dem Staatsschatz an sich gerafft. Die Schlimmere von beiden ist aber Leonora Concini, sie heckt alle Schandtaten aus. Wer sich ihr widersetzt, landet im Gefängnis – falls er Glück hat. Wenn nicht …« Robin fuhr sich quer über die Kehle.

Lisa schluckte.

»Wer ist die Regentin?«, fragte sie nach einer ungemütlichen kleinen Pause.

»Königin Maria dei Medici*, Ludwigs Mutter, sie regiert an seiner Stelle, obwohl sie gar kein Recht mehr dazu hat.«

»Wieso?«, wollte Dennis wissen. »Soll Ludwig selbst regieren? Er ist doch erst fünfzehn.«

Robin rutschte unruhig auf dem Stroh hin und her. »Er ist mit dreizehn für volljährig erklärt worden, das macht man so in Frankreich mit den Königen. Eigentlich müsste er längst an der Regierung beteiligt sein. Bloß Concini verhindert das, er weiß genau, dass Ludwig ihn

* sprich: *dej Meditschi*

und seine Machenschaften hasst und diesen gern ein Ende setzen würde. Die Concinis bestimmen die Politik Frankreichs, aber nur zu ihren eigenen Gunsten. Überall haben sie ihre Finger drin. Wenn zum Beispiel ein hohes Amt verkauft wird, kassieren sie mit. Du kannst nicht Gerichtspräsident werden, ohne die Concinis zu schmieren.«

»Moment«, hakte Lisa ein, »nicht so rasch. Die Ämter werden verkauft?«

»Natürlich«, sagte Robin und kratzte sich unter den Achseln. »Wenn du Gerichtspräsident werden willst, musst du dafür zahlen. Das ist ganz normal. Aber Concini sorgt dafür, dass in allen hohen Ämtern nur Leute sitzen, die tun, was er sagt. Vor allem die Königin hört auf ihn. Oder vielmehr auf die Spinne Leonora.«

»Aber warum?«, fragte Dennis, den das alles sehr aufregte.

Kim spähte in der Küche umher, soweit sich das vom Strohsack aus machen ließ. Viel mehr als Beine konnte er nicht beobachten. Abgesehen von der Ratte, die kurz durch sein Blickfeld gehuscht war.

Hatte er wirklich eine Ratte gesehen?

»Leonora ist die Tochter von Königin Marias Amme. Sie ist fünf Jahre älter als Maria und hat sie schon als Kind beherrscht. Als Maria aus Italien nach Frankreich kam, um Ludwigs Vater zu heiraten, hat Leonora sie begleitet.«

Auf der Suche nach der Ratte entdeckte Kim ein Paar Schuhe, das er kannte. Dunkelrote Schuhe mit hohen Absätzen und silbernen Schnallen. Erst mochte er es gar nicht glauben, aber es konnte keinen Zweifel geben: Concinis Spion war in der Küche aufgetaucht.

»Ich glaube, da ruft einer nach Wasser«, sagte Dennis, »es ist besser, ich geh mal wieder an die Arbeit.«

Kim langte hinüber und hielt ihn fest.

»Gleich. Woher weißt du das alles, Robin?« Es schien ihm ratsamer, noch nichts über die Gefahr verlauten zu lassen. Zumindest nicht vor Robin, dafür war ihre Bekanntschaft noch zu kurz. Und solange der Mann mit den roten Schuhen in der Küche umherstreifte, war es besser, in Deckung zu bleiben.

»Vom ersten Pagen des Königs, Philipp de Bonsart. Ich habe gesehen, dass er euch hergebracht hat«, bekannte Robin treuherzig.

»Kennst du Philipp?«, fragte Lisa.

Robin nickte glücklich.

»Er ist ein ganz schön eingebildeter Wicht«, sagte Dennis geringschätzig.

»Philipp ist in Ordnung«, fuhr Robin auf, »sag ja nichts Schlechtes über ihn! Wir stammen aus demselben Dorf und kennen uns seit Ewigkeiten.«

»Warum bist du dann nicht auch Page? Das ist doch bestimmt angenehmer, als in der Küche in Eingeweiden zu wühlen«, sagte Dennis und rieb sich den Arm, den Kim mittlerweile losgelassen hatte.
Robin kicherte. »Bist du verrückt? Mein Vater ist nur Bauer, aber Robins ist ein Baron, ihm gehört unser Dorf. Du musst von Adel sein, um Page des Königs zu werden. Philipp und ich treffen uns regelmäßig. Er erzählt mir, was am Hof vorgeht, und ich verschaffe ihm was zu essen. Die Pagen müssen nämlich sehen, wo sie bleiben.« Robin war sichtlich stolz darauf, einen königlichen Pagen am Leben zu erhalten.
»Dann ist Philipp dein *peng you* – dein Freund«, warf Kim ein. Er beobachtete, wie die roten Schuhe näher kamen. Für einen Augenblick sah er die Spitze eines Degens.
»*Peng you,* das muss ich mir merken«, sagte Dennis und zwinkerte ihm zu. »Ich lern Tatarisch.«
»Robin!«, schallte die Stimme Tontons aufgebracht durch die Küche. »Wo steckst du schon wieder?«
Robin krabbelte vom Strohsack. »Tonton nimmt sich jeden Tag einen von uns zum Triezen vor. Heute bin ich an der Reihe. Alle anderen kuschen dann ganz von allein.«
»Warte!«, zischte Kim, schlängelte sich neben ihn und hielt ihn am Arm zurück. »Siehst du die roten Schuhe?«
Robin nickte.

»Schau nach, wer sie trägt. Und lenk ihn ab, wenn du kannst. Er darf uns nicht finden.« Kim sah ein, dass ihm nichts anderes übrig blieb, als den Küchenjungen einzuspannen.

»Robin!«, dröhnte Tonton.

Robin zuckte zusammen, wandte sich aber mit glänzenden Augen an Kim. »Wenn ich's tue, bin ich dann dein *peng you*?«

Kim gab ihm einen sanften Stoß. »Aber sicher.«

Robin verschwand, gleich darauf hörten sie ein Klatschen. Der arme Junge jaulte auf und es war klar, dass ihm Tonton eine gewaltige Ohrfeige verpasst hatte. Das machte Dennis nervös, er wollte nun unbedingt auch unter dem Tisch hervorkriechen, zumal schon mehrfach der Ruf nach Wasser laut geworden war.

Kim hielt Dennis mit beiden Händen fest. »Still!«, raunte er. »Kein Wort!«

Die roten Schuhe hatten beinahe den Tisch erreicht. Alle drei sahen sie jetzt. Jemand, der solche feinen Schuhe trug, gehörte nicht in die Küche, das musste auch Dennis und Lisa klar werden. Kim rechnete damit, dass sich jeden Moment jemand herabbeugte und unter den Tisch spähte.

Die drei hielten den Atem an. Wer würde sie aufstöbern? Stürmten als Nächstes Wachsoldaten in die Küche und zerrten sie unter dem Tisch hervor?

Lisa presste die Faust auf den Mund, um nicht angstvoll aufzustöhnen, Kim hielt immer noch Dennis umklammert.

Der Mann, dem die roten Schuhe gehörten, hatte dicke Waden und so kurze Beine, dass mit seinem Körperbau etwas nicht stimmen konnte. Aber was machte das schon?

Mit einem sirrenden Ton glitt der Degen aus der Scheide. Der Anblick der Waffe rief allen die furchtbaren Augenblicke gleich nach ihrer Ankunft ins Gedächtnis. Lisa fasste sich an die Wange, Kim meinte, kalten Stahl an der Kehle zu spüren.

Dann geschah etwas Unglaubliches.

Auf die roten Schuhe platschte eine dampfende Dreckbrühe und jemand begann mit Fistelstimme zu kreischen und zu schimpfen. Tonton brüllte dazwischen, einige Ohrfeigen klatschten und schließlich entfernten sich die Schuhe, während der Koch Entschuldigungen säuselte.

Die drei unter dem Tisch waren erst einmal gerettet. Vorsichtig entspannten sie sich.

»Dennis«, flüsterte Kim nach einigem Nachdenken heiser, »was hast du aufgeschnappt, als du an der Tür zum Nebenzimmer der Concini gelauscht hast?«

Dennis kratzte sich den Rücken und stieß heftig den angehaltenen Atem aus. »Was?«

Kim musste die Frage wiederholen. »Du hast doch was gehört?«

»Ja«, fiel Lisa ein, »sag's uns.«

Dennis kratzte sich weiter, jetzt am Hals. »Etwas, worüber ich mir auch schon den Kopf zerbrochen habe. Ich glaube, es war Concini. Er hat gesagt: ›Es wird Zeit, dass wir ihn gegen Gaston austauschen, er wird langsam zu aufmüpfig.‹ Das war alles.«

Enttäuschung machte sich breit. Was sollten sie aus dieser Bemerkung schließen? Wieso war sie wichtig? Und wer war Gaston?

Ein paar Minuten später kroch Robin wieder zu ihnen unter den Tisch. Er rieb sich die Wange und grinste, als er Lisas mitfühlenden Blick bemerkte.

»Halb so schlimm. Eine Ohrfeige macht mir gar nichts. Tonton prügelt nur ganz selten, er schreit lieber herum. Ich hab's bestimmt besser als der König.«

»Wie meinst du das? Ludwig wird doch nicht verprügelt?«, fragte Lisa verblüfft und strich Robin sanft über die Wange. Er lächelte sie dankbar an.

»Fast jeden Tag. Das heißt, er wurde verprügelt, bis er für volljährig erklärt wurde. Seitdem darf niemand mehr den König anrühren, aber bis dahin hat er Prügel für drei bezogen. Wenn seine Mutter wütend auf ihn war oder er nicht gut genug gelernt hatte, bezog er Prügel.

An manchen Tagen konnte er vor Schmerzen kaum sitzen.«

»Wie schrecklich«, sagte Lisa entsetzt, »ich kann mir das gar nicht vorstellen.«

Robin zuckte gleichmütig die Schultern. »Ist ja jetzt vorbei.« Er kratzte sich ausgiebig, schnappte nach etwas, was an seinem Hals gesessen haben musste, hielt es mit zwei Fingern fest und zerbiss es zwischen den Zähnen.

»Dieser verdammte Floh hat mich schon die ganze Zeit geärgert«, sagte er zufrieden, »aber jetzt hab ich ihn erwischt.«

»Ein Floh?« Lisa wich unauffällig etwas zurück.

»Hat er geschmeckt?«, fragte Dennis und schüttelte sich.

»Flöhe sind eine schlimmere Plage als die Läuse«, bemerkte Robin gleichmütig.

Dennis und Lisa begannen sich hektisch zu kratzen.

»Jetzt wird mir einiges klar«, sagte Lisa entgeistert, »ich weiß nicht, wie lange ich es noch aushalte in diesem verlausten Kleid.«

»Wieso?«, erkundigte sich Robin verblüfft. »Dein Kleid ist sehr hübsch. Und ich kenne keinen, der nicht ab und zu einen Floh hat. Und Läuse sowieso. – Die roten Schuhe ...«, fuhr er nach einer kurzen Pause fort.

»Ja?« Kim sah ihn gespannt an.

Über Robins offenes Gesicht huschte ein Anflug von Misstrauen. »Ich muss zurück an die Arbeit«, wich er aus und machte sich davon.

»Warum hat er nichts über die roten Schuhe gesagt?«, fragte Lisa verblüfft.

»Vielleicht kriegen wir das später heraus«, antwortete Kim, »wenn er uns mehr vertraut.«

Er und die anderen folgten Robin und fast wie im Vorbeifliegen fingen sie sich Ohrfeigen von Tonton ein. »Ich bestimme hier, wann ihr Pause macht«, sagte er beinahe gutmütig.

Kim war später der Einzige, der sich die Kaldaunensuppe schmecken ließ. Zum ersten Mal seit einer Woche aß er sich richtig satt. Er empfahl die Suppe, auf der oben graue, wabbelige Stückchen schwammen, Dennis und Lisa wärmstens, erntete aber nur Entsetzen. Die beiden konnten sich nicht vorstellen, Schnipsel von Rindermägen hinunterzuwürgen. Außerdem kam Lisa inzwischen um vor Sorge um Willie. Sie wollte sich am liebsten aus der Küche stehlen, um ihn zu suchen. Besorgt sah Kim auf die Uhr. Es wurde langsam spät und sie hatten immer noch keine Ahnung, wie sie Willie finden sollten.

Pfannkuchen vom König

Gegen neun Uhr tauchte Philipp in der Küche auf und sprach mit Tonton. Der Koch winkte Robin dazu, der endlich mit den Gedärmen fertig war und nun riesige Kessel ausschrubbte. Robin schaute zu Kim herüber und mischte sich in die Unterhaltung zwischen dem Koch und dem Pagen.

Was Kim Sorgen bereitete, war die Wache, die Philipp gefolgt war. Ein Mann, der mit unbewegter Miene geradeaus starrte, aber bestimmt nicht zufällig in der Küche herumstand. Hatte er den Mann mit den roten Schuhen abgelöst? Da Kim den Dreck zusammenfegen musste, gelang es ihm, sich unauffällig der Gruppe um den Koch zu nähern. Er machte Dennis ein Zeichen, aber der war bereits aufmerksam geworden. Dennis schleppte immer noch Eimer. Inzwischen wurden die Tische mit Wasser und Sand gescheuert. Lisa legte die Bürste weg, trat hinter Kim und schaute ihm über die Schulter.

»Was will Philipp? Hat das was mit uns zu tun oder holt er sich nur was zu essen?«
»Kommt her, ihr drei! Ihr werdet gebraucht!«, schrie Tonton.
Zögernd kamen sie der Aufforderung des Kochs nach. Die Wache gab allen dreien zu denken, deshalb behielt Kim den Besen lieber in der Hand.
»Ihr dürft mit, ich hab darum gebeten«, wisperte Robin.
»Wohin?«, erkundigte sich Lisa.
Tonton betrachtete sie abschätzend. »Schürzen runter!«, bellte er.
Lisa riss sich den feuchten, schmutzigen Lappen nur zu gern vom Leib.
»Wascht euch gefälligst die Hände und das Gesicht am Brunnen, bevor ihr geht«, schnauzte Tonton weiter. »Und benehmt euch anständig! Ihr macht nur den Mund auf, wenn ihr was gefragt werdet, und ihr kommt sofort zurück. Herumlungern gibt es nicht.« Er watschelte davon, schleifte den nächsten Küchenhelfer mit sich und gab ihm ein paar Anweisungen.
»Und was soll das alles?«, fragte Dennis.
»Beeilt euch«, sagte Philipp gelangweilt und ging mit der Wache vor die Tür.
Robin zog Lisa zum Brunnentrog, Kim und Dennis schlossen sich an.

»Wir gehen zum König«, erklärte Robin feierlich und tauchte die Hände ins kalte Wasser. Seine Wäsche fiel reichlich flüchtig aus, in einer Minute war er damit fertig. »Der König hat Monsieur und Madame eingeladen. Er wird Pfannkuchen für sie backen. Wir tragen die Geräte und die Zutaten hinauf.«
Kim stellte endlich den Besen weg und wusch sich ausgiebig. Am liebsten hätte er sich ausgezogen und wäre nackt in den Brunnen getaucht, so piesackte ihn das Ungeziefer.
»Und die Wache?«, fragte er.
»Die kümmert uns nicht«, sagte Robin sorglos.
Eine Viertelstunde später marschierten sie mit allerlei Gerätschaften beladen aus der Küche. Tonton hatte dem Wachsoldaten etwas zugesteckt und gab ihnen das Geleit bis zu einer Treppe, die hinauf ins Erdgeschoss führte. Oben an der Treppe blieb der Soldat zurück, anscheinend hatte er tatsächlich nur etwas zu essen ergattern wollen. Aber nein! Er winkte dem nächsten Wachhabenden am Ende des Flurs zu und dieser hob die Hand. Sie wurden nicht direkt von Wachen begleitet, bewegten sich aber ständig unter ihrer Aufsicht. Philipp ging voraus und zwar in einem Abstand, der demonstrieren sollte, wie wenig er mit Küchenpersonal zu tun hatte. Robin focht das überhaupt nicht an. Vor grenzenloser Begeisterung über

ihren Auftrag, der sie in die oberen Räume führte, hüpfte er die Flure entlang, ein Dutzend Eier in einem Körbchen schwenkend. Kim rechnete damit, dass er sie fallen ließ.

»Der König will selbst Pfannkuchen backen? Was macht das für einen Sinn, wenn ihm eine riesige Küche und ein Dutzend Köche zur Verfügung stehen?«, fragte Dennis.

»Er kocht gern«, antwortete Robin, »er arbeitet überhaupt gern mit den Händen.«

»Dann sollte er aber besser Handwerker als König sein«, wandte Lisa pikiert ein. »Billard spielen und Pfannkuchen backen sind sehr unkönigliche Beschäftigungen.«

»Du verstehst das nicht«, sagte Robin leise, »Ludwig ist den ganzen Tag von Concinis Spitzeln umgeben und muss alles vermeiden, was seinen Feinden etwas über seine wahren Absichten verrät.«

»Und die sind?«

Philipp drehte sich zu ihnen um und da verschloss sich Robin auf einmal, als würde ihm bewusst, dass er viel zu vertrauensselig daherplapperte.

Sie gingen schweigend weiter, bis Dennis stehen blieb.

»Robin«, sagte er verlegen, »ich muss schon die ganze Zeit pinkeln. Gibt es hier ein, ein …«

»Einen Abtritt?«, fragte Robin. »Warum hast du vorhin nichts gesagt? In der Küche haben wir in einer Ecke einen Eimer stehen.« Suchend sah er sich um und zuckte schließlich die Schultern. »Hier ist keiner. Pinkel hinter den Vorhang am Fenster, aber beeil dich.«

»Ich soll was?«

Tonton hatte Dennis ein tragbares, mit glühenden Kohlen gefülltes Öfchen übergeben, das nicht gerade einfach zu transportieren war. Dennis lief schon wieder der Schweiß über das Gesicht, während er sich bemühte, das Öfchen an den Henkeln vor sich her zu tragen, ohne sich zu verbrennen. Kim nahm ihm seine Last ab und stellte sie auf den Boden.

»Du hast gehört, was er gesagt hat. Nun mach schon. Entweder der Vorhang oder gar nicht.«

Dunkelblaue, mit goldenen Lilien bestickte Vorhänge hingen vor den Fenstern.

»Aber ich kann doch nicht ...«, wimmerte Dennis.

»Doch, du kannst«, sagte Robin unbekümmert, »und glaub mir, du bist nicht der Erste.«

Endlich verschwand Dennis hinter dem nächsten Vorhang. Robin ging zu Philipp, um ihn über die kleine Verzögerung zu unterrichten.

Kim und Lisa traten ans Fenster. Von dort schauten sie direkt auf die Brücke, die den Zugang zum Louvre bildete. Im letzten Abendlicht strömten die Bediensteten, die nicht im Palast wohnten, auf dem Weg nach Hause darüber. Eigentlich waren es zwei Brücken, eine breite und eine schmale, die parallel verliefen, mit einem Streifen schwarzen Wassers dazwischen. Über die eine rumpelte ein Karren, für den die Fahrbahnbreite gerade ausreichte. Wahrscheinlich benutzten deshalb die Fußgänger ausschließlich den schmalen Übergang. Türme flankierten die Brücken an beiden Enden, Wachtposten kontrollierten, wer raus oder rein wollte.

»Denkst du an Willie?«, fragte Kim.

Lisa war ein paarmal drauf und dran gewesen, die Küche heimlich zu verlassen, um sich auf die Suche nach Willie zu machen. Aber Dennis und Kim hatten sie jedes Mal mit dem Hinweis auf den Spion mit den roten Schuhen von ihrem Vorhaben abgebracht. Auf dem Gang durch den Louvre hatten sie nach ihm ausgespäht, ihn aber nicht entdeckt.

»Wenn wir Willie nicht endlich suchen können, weiß ich nicht, wie wir ihn jemals wiederfinden sollen«, jammerte Lisa. »Philipp hat gesagt, er wohnt beim König im Westflügel, ich nehme an, wir gehen dorthin. Ob die Königin auch im Westflügel wohnt?«

»Die Königin wohnt im Nordflügel. Das hat mir Robin erzählt, als ich ihn danach gefragt habe«, erklärte Dennis und kam mit zugehaltener Nase hinter dem Vorhang hervor. »Puh«, fuhr er fort, »ich war wirklich nicht der Erste. Sitten haben die hier!«

Kim dachte daran, dass in China die Leute so häufig wie möglich überall ausspuckten, was vor allem Ausländern auf die Nerven ging. Es waren die Nachfahren derjenigen, die hier hinter die Vorhänge schifften.

Dennis war zu ihnen ans Fenster getreten. »Hoffentlich haben wir eine Gelegenheit, abzuhauen, sobald wir das Zeug beim König abgeliefert haben. Erstens habe ich keine Lust mehr, in der Küche zu schuften, zweitens hat sich Concinis Spion nicht mehr blicken lassen und drittens ...«

»Fehlt uns immer noch jede Spur von ...« Lisa stockte und deutete nach unten. Wieder rumpelte ein Karren über die Brücke. Zwischen den Rädern huschte etwas Weißes hindurch und schlug Haken, um nicht überrollt zu werden. Hektisch begann Lisa die Scheibe zu putzen.

»Willie?«, rief Dennis fassungslos. »Hoffentlich nicht Willie!«

Aber welches Tier sollte das sonst sein, das da über die Brücke lief? Eine Wache am Ende versuchte es einzufangen, aber es wich geschickt aus und war verschwunden.

»Wir müssen sofort hinterher!«, forderte Lisa. »Wenn sich Willie erst einmal in Paris verlaufen hat, ist er verloren.« Sie trug eine Schüssel mit Mehl, die ihr vor Aufregung fast aus den Händen glitt. Sie fasste nach, aber jetzt neigte sie sich erst recht. Gekonnt schlug Kim mit einer Hand darunter. Die Schüssel flog hoch und er fing sie auf. Mehl rieselte auf Lisa herab. Sie war nicht länger rot-, sondern weißhaarig.

»Mann, wie siehst du denn aus!«, stellte Dennis mit großen Augen fest.

»Das ist doch ganz egal«, schluchzte Lisa auf, »kommt schon.«

»Nur ruhig«, sagte Kim und begutachtete das restliche Mehl in der Schüssel, »lasst uns erst die Sachen zum König bringen – dann sollten wir uns verdrücken.«

»Aber dann ist Willie weg.«

»Das ist er jetzt schon. Wenn das da unten tatsächlich Willie war. Wir brauchen Hilfe, um an den Brückenwächtern vorbeizukommen, und ich glaube nicht, dass wir sie von Philipp erhalten. Vielleicht weiß Robin einen Rat.«

Niedergeschlagen verließen sie das Fenster.

Philipp wartete mit eisiger Miene auf sie. Er musterte Lisas gepuderte Haare, sagte aber nichts dazu. In seiner Gegenwart konnten sie mit Robin nicht offen reden.

Außer Breton, dem ersten Kammerherrn, hielten sich auch noch ein paar Damen und Herren in den Räumen des Königs auf. Diener huschten herum und nahmen alles, was zum Pfannkuchenbacken gebraucht wurde, entgegen.

Kim und die anderen hatten ihren Auftrag erfüllt und hätten eigentlich sofort in die Küche zurückkehren müssen. Aber Robin flüsterte kurz mit Philipp und schlängelte sich an den Dienstboten vorbei in den Raum, wo Ludwig seine Gäste bewirten wollte.

»Und was machen wir?«, wisperte Lisa.

»Hinterher«, sagte Dennis, »wir wollten doch mit Robin über die Brückenwache reden.«

Ehe noch jemand einschreiten konnte, schlüpften sie ins Zimmer. Sie schlichen zu Robin, der sich einen Platz hinter einem Wandschirm gesucht hatte, über den er gerade noch hinwegschauen konnte.

Vor einem offenen Kamin stand ein Tisch mit einigen hochlehnigen Stühlen, auf denen die beiden Gäste des Königs thronten. Die Diener hatten ihnen Kissen untergeschoben, damit sie bequem an ihre Teller heranreichten.

Die Gäste waren ein etwa neun Jahre alter Junge und ein vielleicht ein Jahr älteres Mädchen. Ludwig plauderte mit den beiden, schlug Eier auf, verrührte sie mit Milch und Mehl und begann auf dem tragbaren Öfchen Pfannkuchen zu backen.

Hingerissen schaute Robin zu, als ob er nicht den ganzen Tag in der Küche zu tun hätte.

»Robin, wir müssen aus dem Louvre raus«, raunte Dennis ihm zu, »lassen uns die Wachen unten durch?«

»Ich glaub nicht«, antwortete Robin geistesabwesend.
»Kennen sie denn jeden, der hier ein- und ausgeht?«
»Wahrscheinlich.«
»Sie können nicht jeden kennen. Ich denke, es schmuggeln sich täglich Diebe herein.«
»So?«
Mit Robin war nicht viel anzufangen. Sein Blick hing an dem kleinen Mädchen. Es war hellblond und hübsch und strahlte Ludwig an, als er ihr den ersten Pfannkuchen servierte.
»Kommt mir vor wie mit der Puppenküche spielen«, sagte Lisa entnervt. »Wer sind die beiden, Robin? Sollen das Madame und Monsieur sein? Das sind doch bloß Kinder.«
Ehe Robin antworten konnte, drängte sich eine Hofdame zwischen sie. Ihr Kleid war reichlich mit Perlen, Schleifen und kleinen Schmuckstücken besetzt und eines dieser Schmuckstücke hakte sich in Lisas Ärmelspitze fest.
»Wie dumm«, stieß die Dame hervor und griff energisch nach Lisas Ellbogen. »Mach ja keine ungeschickte Bewegung. Komm schnell mit hinaus, bevor du mir das Kleid ruinierst.«
Lisa blieb nichts anderes übrig, als sich hinauszerren zu lassen. Hilflos warf sie einen ängstlichen Blick zurück und verschwand mit der Dame. Kim und Dennis waren

drauf und dran, ihr nachzulaufen, als Robin Lisas Frage beantwortete. »Madame und Monsieur sind die jüngeren Geschwister Ludwigs. Chretienne* und Gaston.«

»Gaston? Hast du Gaston gesagt?«, hakte Dennis sofort nach.

»Wenn Ludwig etwas zustieße, würde Gaston König. Weil er der Nächste in der Thronfolge ist, wird er Monsieur genannt. Und die älteste Schwester ist Madame.«

»Denkst du, was ich denke?«, fragte Dennis leise.

»Ja«, entgegnete Kim ebenso gedämpft, »aber ich werde mich hüten, es laut auszusprechen. Außerdem geht uns das Ganze nichts an. Wo bloß Lisa bleibt?«

Ludwig ging sehr nett mit seinen Geschwistern um. Er backte ihnen nicht nur Pfannkuchen, sondern überreichte ihnen auch Geschenke. Chretienne bekam eine Puppe und fiel ihrem Bruder vor Freude um den Hals.

»Lass uns Lisa suchen«, schlug Kim vor, »bevor sie auf die Idee kommt, allein auf die Jagd nach Willie zu gehen.« Aber als er sich zur Tür durchschlängeln wollte, entstand dort eine Bewegung.

Mit einem Gefolge von Damen und Herren rauschte eine dicke blonde Frau herein, die Kim und Dennis sofort wiedererkannten. Sie waren an ihr vorbeigerannt, nachdem sie die Treppe von den Räumen der Concini hinabgepoltert waren.

* sprich: *Kretjenn*

»Das ist die Königin!«, hauchte Robin und drückte sich verschüchtert hinter dem Schirm dichter an die Wand.

Dennis krallte die Finger in Kims Schulter und stieß einen leisen Laut der Überraschung aus.

Die Königin trug Willie! Er schien sich auf ihrem Arm sehr wohl zu fühlen und blinzelte schläfrig.

»Mein Sohn«, sagte die Königin steif zu Ludwig, »wie geht es Euch?«

Ludwig verneigte sich. »Gut, Madame, ich danke für Eure gütige Nachfrage.«

Von Güte konnte überhaupt keine Rede sein, die Augen der Königin blickten eiskalt. Die mag ihren Sohn nicht, ging es Kim durch den Kopf und Mitleid mit dem König regte sich. Er schien geradezu auf ein nettes Wort von seiner Mutter zu lauern, aber es kam keins. Stattdessen fragte sie einen älteren Mann: »Wie geht es dem König?« Es klang, als hielte sie den König für zu schwachsinnig, um über sein eigenes Befinden eine glaubwürdige Auskunft zu erteilen.

»Gut, Majestät«, antwortete der Mann mit einer besonders tiefen Verneigung, »er hat heute keinerlei Beschwerden gehabt.«

»Das ist der Arzt des Königs«, raunte Robin, »Doktor Heroard*.«

* sprich: *Eroar*

»Was tut Ihr hier, um Gottes willen?«, fragte die Königin mit kraus gezogener Oberlippe ihren Sohn Ludwig, obwohl sie genau sehen konnte, was er machte.
Der König wurde rot und schlug verlegen die Augen nieder, die Pfanne in der einen und ein braunes Ei in der anderen Hand.
Königin Maria gab ihm keine Gelegenheit, zu antworten, sondern wandte sich an ihre Begleitung, die acht oder neun Damen und Herren, die sich dicht um sie scharten.
»Ich weiß nicht, ob ich an Einbildung leide, aber ich glaube, ich sehe den König von Frankreich mit einer Bratpfanne in der Hand«, sagte sie voll Hohn.
Eine Dame kicherte.
»Man sollte doch meinen«, fuhr die Königin gnadenlos fort, »dass mein Sohn besser daran täte, seine Zeit damit zu verbringen, die Gesetze des Landes zu studieren oder die Provinzgouverneure zu empfangen, um sich anzuhören, was sie Neues zu berichten haben.«
Einige Herren setzten überlegene Mienen auf, aber den meisten Herrschaften war Betroffenheit anzumerken, ihnen war die Situation peinlich.
Ludwig war blass geworden. »Es tut mir leid, Madame, wenn ich Euer Missfallen erregt habe. Ich wollte nur den Kindern eine Freude bereiten, ich sehe sie so selten«, erklärte er stockend.

Die Königin tat so, als hätte er überhaupt nichts gesagt. »Aber vielleicht interessiert sich der König von Frankreich nicht ausreichend für sein Land? Sicher ist er noch zu unreif, um zu begreifen, wo seine Pflichten liegen. Ein Fürst und König, mein Sohn, kennt keine andere Aufgabe, als seinem Land zu dienen. Er spielt nicht herum und verrichtet keine Küchenarbeit.« Ihre Stimme wurde immer ätzender. Unverhohlen zeigte Maria, was für eine Wonne es für sie war, ihren Sohn zu demütigen und als Trottel hinzustellen, dabei verzerrten sich ihre Züge zu einer gemeinen Fratze.

Vor lauter Wut auf diese Frau ballte Kim die Hände zu Fäusten. Von so einer Mutter würde er sich zermalmt fühlen. Gegen diese Frau erschien Tante Betty im Licht warmer, menschlicher Barmherzigkeit.

Ludwigs langes Pferdegesicht wirkte zutiefst traurig. Er versuchte die Fassung zu bewahren und sich nicht anmerken zu lassen, wie sehr ihn seine Mutter kränkte. Irgendwie gelang es ihm. Er blieb ganz ruhig, er regte sich nicht auf und verzichtete darauf, sein Verhalten nochmals zu rechtfertigen. Bestimmt begriff er, dass er gegen die Niedertracht der Königin nichts ausrichten konnte.

Wider Willen musste Kim seine besonnene Haltung bewundern. Dabei hatte er sich gerade gesagt, dass ihn der

König und seine Schwierigkeiten doch überhaupt nichts angingen.
Willie zappelte, die Königin drehte sich um und reichte ihn einer Dame ihrer Begleitung, die hinter ihr stand. Sobald sie zwei Schritte vortrat, erkannten Kim und Dennis sie sofort. Es war die Concini.
Weil Willie weiterzappelte, bückte sie sich und setzte ihn auf den Boden.
»Willie!«, lockte Dennis gedämpft. Er schob sich vor den Wandschirm, damit ihn der Hund auch sah. Lauter wagte er nicht zu rufen, aber das war gar nicht nötig. Willie kam neugierig auf ihn zu. Jetzt hielt auch Kim nichts mehr hinter dem Schirm.
Als die Concini sich wieder aufrichtete, fiel ihr Blick auf die Jungen.
Schlagartig wurde beiden klar, dass die Marquise sie gleichfalls erkannte. Kein Zweifel! Sie deutete mit einem ihrer langen Spinnenfinger auf sie und rief halblaut den allgegenwärtigen Wachen etwas zu.
Dennis fackelte nicht lange. Er schnappte sich Willie und stürzte mit ihm auf die Tür zu. Kim fluchte im Stillen, er hatte sehr darauf gehofft, Willie mit weniger Aufruhr einzufangen. Noch kam ihnen die Überraschung zu Hilfe. Die meisten schauten weiter dem König und seinen Geschwistern zu, nur wenige wurden aufmerksam.

»Kümmere dich um Lisa!«, rief Kim Robin zu und rannte los. Er wich Händen aus, die nach ihm greifen wollten, trat einer Dame auf den Saum, rempelte einen Diener an und schlüpfte nach draußen. Dennis lief vor ihm her den Flur entlang.

Es war von Anfang an ein hoffnungsloses Unterfangen. Mit dem Hund im Arm kam Dennis kaum voran. Willie strampelte und kläffte, wahrscheinlich war er völlig verwirrt und geriet in Panik. Aber plötzlich hörte er auf zu kläffen, dafür stieß Dennis einen Schmerzensschrei aus. Der Hund hatte ihn gebissen.

»Setz ihn ab«, rief Kim, sobald er sie eingeholt hatte. »Lass ihn laufen.«

Zuerst schien ihn Dennis nicht zu verstehen, dann aber kam er Kims Aufforderung nach und ließ Willie frei.

Der Hund lief geradewegs in die Arme einer Wache.

Wachsoldaten kamen von beiden Seiten heran und umstellten sie. Mindestens sechs Degen hielten die Jungen in Schach.

»Du kannst nicht zufällig Karate?«, wimmerte Dennis. Von seiner Hand troff Blut.

»Nein.«

»Dann ist alles aus, jetzt kriegen wir Willie nie mehr«, jammerte Dennis.

»Kann sein.« Es hatte keinen Zweck, darüber zu reden, dachte Kim, im Augenblick nicht.

Eine der Wachen verschwand, kurz darauf trat Concini, den Federhut unter den Arm geklemmt, in den Kreis der Gardisten, Hauptmann Braque hinter sich.

»Na also«, sagte Concini aufgeräumt, »nun kann kein Zweifel mehr daran bestehen, dass wir es mit Dieben zu tun haben. Und hartnäckig sind sie obendrein, sie geben nicht auf. Das ist der zweite Anschlag auf den Hund der Königin. Jetzt rettet sie nicht einmal der König.«

»Ich hoffe doch«, sagte Kim kühn, »schließlich waren wir gerade dabei, den Hund wieder einzufangen. Haben Sie das nicht gesehen? – Gehen Sie vorsichtig mit ihm um!«, schrie er dem Gardisten nach, der Willie auf einen Wink Concinis wegbrachte.

Der Marquis lachte unangenehm und schob sich dicht an Kim heran.

»Deine Frechheit nützt dir gar nichts, Kerlchen, bete lieber.«

Kim drehte den Kopf. »Er hat Mundgeruch«, sagte er leise zu Dennis.

Dennis schienen die Beine zu versagen, aber jetzt grinste er, wenn auch angestrengt.

Auf Concinis Befehl wurden den beiden Jungen die Hände auf dem Rücken gefesselt, dann stießen die Wachen sie vorwärts. Sie nahmen einen anderen Weg, als Kim und Dennis gekommen waren.

Inzwischen war es recht still und dunkel im Louvre geworden. Nur aus einem Saal drangen Musik und Gelächter. Drei Stockwerke tiefer erreichten sie ein Geschoss, das noch unter dem der Küchen liegen musste.

Die Wände rochen feucht und modrig. Hinter einer Tür führten Stufen in einen Keller mit schlammigem Boden. Vermutlich sickerte das Wasser des Wehrgrabens herein. Einer der Wachsoldaten leuchtete mit einer Fackel. Oben in der Wand saßen Eisenringe. Daran banden zwei Männer Kim und Dennis fest, sodass ihnen fast die Arme ausgerenkt wurden.

Kim sah Dennis die Angst an, er selbst musste sich zusammenreißen, um sich seine Furcht nicht anmerken zu lassen. Er kam sich vor wie in einem Alptraum. Aber sichtbare Angst machte sie Concini noch unterlegener.

»Wie geht's deiner Hand, Dennis?«, fragte er unbekümmert laut. »Haben Sie ein Taschentuch, das Sie uns leihen können?«, wandte er sich forsch an Concini.

»Hören Sie sich das an, Hauptmann Braque! Das Früchtchen hat den Ernst der Lage noch nicht begriffen«, knurrte der Marquis.

»Wenigstens tut er so«, antwortete Braque gleichmütig, »aber nicht mehr lange.«

Concini ließ sich einen Hocker bringen, setzte sich und schlug die Beine übereinander.
»Was ist mit dem Mädchen?«, fragte er über die Schulter.
»Wir bringen es Ihnen, sobald wir es haben«, sagte jemand von der Wache.
»Und wie lange soll das dauern?«, schnauzte Concini den Mann an.
»Schicken Sie alle raus!«, setzte er gedämpft an Hauptmann Braque gewandt hinzu, »und schließen Sie die Tür, wir brauchen keine Zuhörer.«
Kim wurde noch etwas mulmiger zumute.
Braque sandte die Männer bis auf zwei, die draußen Wache halten sollten, fort und zog die Tür zu.
»Jetzt«, sagte Concini und verzog das Gesicht zu einem gehässigen Lächeln, »sind wir ganz unter uns. Mal sehen, was ihr mir zu gestehen habt.«

Das Verhör

Kim und Dennis blieben standhaft dabei, den Hund der Königin nur eingefangen zu haben, um ihn zurückzubringen. Was sollten sie auch sonst sagen? Willie ins Spiel zu bringen, würde ihre Lage nur verkomplizieren. Concini wollte ihnen doch gar nicht glauben, egal was sie vorbrachten. Bald nahm das Verhör eine andere Richtung und damit wurde klar, dass es überhaupt nicht um den Hund ging.

Concini war scharf darauf, etwas Bestimmtes herauszufinden, aber sie verrieten nichts von dem, was sie wussten. Auch nicht, als Hauptmann Braque sie in Concinis Auftrag mit voller Wucht rechts und links ins Gesicht schlug und ihnen in aller Seelenruhe erklärte, welche Strafe auf Diebe wartete: der Strick. Auf einem der vielen öffentlichen Plätze von Paris würden sie im Morgengrauen gehenkt werden. Davor rettete sie niemand.

»Es sei denn«, erklärte Concini ölig, »ihr erzählt mir etwas Interessantes. Etwas, was mich milde stimmen könnte.«

Kims Wangen brannten und seine Handgelenke wurden regelrecht ausgeleiert. Allmählich ging der Schmerz in Taubheit über, das fand er noch gefährlicher. Seine ganze Hoffnung ruhte darauf, dass Robin Lisa versteckt hatte. Würde sie auch gefasst, würde Dennis sicher zusammenbrechen und endlich alles ausplaudern, was Concini wissen wollte und sogar noch ein bisschen mehr. Durch das, was Dennis erlauscht hatte, ergänzt durch Robins freimütiges Gerede, waren sie zu Mitwissern in einer Verschwörung gegen den König geworden. Kim ging davon aus, dass sie nicht einmal den Morgen erlebten, sobald einer von ihnen geplaudert hatte. Und auch Robin und Philipp gerieten in Lebensgefahr.

Als das Verhör gerade in die dritte Runde ging, öffnete sich die Tür und die Marquise kam herein.

»Wie steht's?«, fragte sie. Ihre Haare bedeckte wieder der schwarze Schleier. Im Fackellicht glich sie wirklich einer Spinne, die sich herabließ, um ihr Opfer zu verspeisen.

»Die Vögelchen singen nicht«, knurrte Concini.

Während die Marquise die zwei Gefangenen boshaft anstarrte, krallte sie eine Hand in Concinis Arm.

»Verstockte Jungs! Dumm, einfältig und verstockt – genau wie Ludwig. Machen Sie mit den beiden kurzen Prozess, es lohnt nicht, sich weiter mit ihnen zu befassen. Wir haben das Mädchen.«

Dennis sackte zusammen, sein ganzes Gewicht hing an seinen Armen, sodass die Fesseln tief in die Handgelenke schnitten. Kim machte sich immer mehr Sorgen um ihn.
»Welches Mädchen?«, fragte er erstaunt. »Meinen Sie die Rothaarige? Sie gehört überhaupt nicht zu uns. Sie hatte sich nur genau wie wir verlaufen.« Vielleicht bluffte die Marquise nur. Mit den weiß gepuderten Haaren war Lisa nicht wiederzuerkennen gewesen. Warum sollte sie nicht mit Robin unbehelligt davongekommen sein? »Stimmt doch, oder? Kennst du diese *Rothaarige,* Dennis?« Er betonte das Wort gerade so viel, dass es Dennis zu denken geben musste.
»Das Mädchen, das uns gefragt hat, wo es zur Wäschekammer der Königin geht? Nein«, ächzte Dennis und richtete sich ein bisschen auf.
Concini grinste und erhob sich. »Wie ihr meint. Wir nehmen uns das Mädchen vor, das meine Leute gefasst haben. Damen sollte man ja sowieso den Vortritt lassen. Kommen Sie, meine Liebe.« Er reichte seiner Frau, der alten Hexe, die Hand, zusammen stiegen sie die Treppe hinauf.
»Bis gleich, Jungs«, sagte Hauptmann Braque, bevor er die Tür schwungvoll von außen zuschlug.
»Lange halte ich nicht mehr durch«, flüsterte Dennis voller Verzweiflung.

»Werde bloß nicht wehleidig«, herrschte Kim ihn an. Ihm war selbst sehr nach Wehleidigkeit zumute und er musste dagegen ankämpfen, ihr nicht zu verfallen. Vorsichtig drehte er seine Handgelenke. Es war, als würde sie jemand mit einem Nadelkissen bearbeiten.
»Ich fühle meine Hände nicht mehr«, jaulte Dennis.
»Sei froh, oder wär's dir lieber, wenn sie wehtäten? Weißt du, wie die chinesische Wasserfolter funktioniert?«
»Nein. Ich will's auch nicht wissen.«
»Doch, bestimmt! Du wirst festgebunden und dir wird der Kopf rasiert. Anschließend tropft dir wochenlang Wasser auf den Kopf. Immer nur Tropfen für Tropfen: plopp, plopp, plopp. Du glaubst, das ist harmlos? Anfangs schon, aber dann wartest du auf den nächsten Tropfen und den nächsten und den übernächsten. Alle treffen genau auf dieselbe Stelle. Irgendwann fühlt sich jeder Tropfen wie ein Zehn-Zentimeter-Nagel an, den dir der Henker in den Kopf rammt. Einige, die so gefoltert werden, halten länger durch als andere, verrückt werden sie am Ende aber alle. Uns geht es dagegen richtig gut, oder nicht?« Kim begann zu pfeifen.
Auf der obersten Stufe stand eine Kerze. Ob Concini sie vergessen oder extra dagelassen hatte, wusste er nicht. Vielleicht sollten sie sehen, wie die Zeit verging, während die Kerze herunterbrannte. Wichtig war im Augen-

blick für ihn nur das Licht. In völliger Dunkelheit wäre ihm das, was er vorhatte, schwerer gefallen.

Er spähte zu dem Eisenring hoch und entdeckte eine Lücke darin, der Ring schloss sich nicht vollständig zum Kreis. Fraglich war nur, ob die Lücke breit genug war.

Kim drehte sich zur Wand und tastete sie mit einem Fuß ab. Aus den Fugen bröckelte Mörtel. Es gelang ihm, einen Fuß in eine dieser Fugen zu schieben und sich an der Wand hochzustemmen. Mit gebundenen Händen hangelte er sich mühsam am Strick entlang bis zum Eisenring. Jetzt musste er den Strick so zu fassen bekommen, dass er ihn durch die Lücke zerren konnte. Fast hatte er es geschafft, da rutschte er ab. Ein schrecklicher Schmerz zuckte durch seine Arme, an denen plötzlich sein volles Gewicht hing.

Als er sich wieder aufrichtete und gegen den Schmerz ankämpfte, sah ihn Dennis mit großen Augen an.

»Ich brauche es gar nicht erst zu versuchen, aber du schaffst es«, sagte er. »Mach's noch mal.«

»Genau das, was ich vorhatte.« Kim feixte trotz der Schmerzen.

Diesmal kam er schneller an den Ring heran. Die Zähne zusammengebissen, schob er den Strick an die Öffnung und zog. Jetzt musste der Strick hindurchgleiten. Noch ein halber Zentimeter und er war frei.

Der Strick klemmte fest. Kim verlor den Halt und schlug so hart gegen die Wand, dass ihm die Luft aus den Lungen gepresst wurde. Einen Augenblick schloss er vor Schmerz und Enttäuschung die Augen. Dennis sagte nichts mehr. Wozu auch? Zwecklos, sich weiter anzustrengen. Als Kim die Augen wieder öffnete, sah er die Kerze flackern. Wie lange würde es dauern, bis sie erlosch und völlige Finsternis hereinbrach? Finsternis und Hoffnungslosigkeit.

»Ich würd's tun«, sagte Dennis.

»Was?«

»Es noch einmal versuchen. Kann ja nicht schaden.«

»Klar. Du bist ja nicht gegen die Wand geknallt«, ächzte Kim.

Etwas später richtete er sich auf.

Beim dritten Versuch gelang es ihm, sich zu befreien. Wenig später hatte er die Fesseln mit den Zähnen aufgeknotet und schließlich auch Dennis losgebunden. Dennis war so fertig, dass Kim ihn stützen musste, bis sie die Stufen zur Tür erreicht hatten. Sie setzten sich auf die kalten, feuchten Steine.

»Ich bin so ein Hornochse, ich habe alles vermasselt«, sagte Dennis zutiefst zerknirscht.

Um seine Handgelenke liefen rote Striemen, die Haut war von den Stricken teilweise aufgescheuert, aber er beklagte sich nicht über Schmerzen. Trostlos starrte er auf seine rechte Hand.

»Der arme Willie. Er hat mich noch nie gebissen, sicher war er völlig durcheinander.« Auf der Handfläche zeichneten sich in einem Bogen die Male von den Zähnen ab. Die kleinen Wunden bluteten nicht mehr, aber ringsherum war eine hässliche Schwellung entstanden.

»Es war nicht Willie«, sagte Kim ruhig, »sondern der Hund der Königin.« Er hatte es in dem Moment erraten, als sich Dennis auf das Tier stürzte. Die Augen des Hundes hatten so bösartig und giftig gefunkelt wie die der schwarzen Spinne Concini.

»Wenn du recht hast, bin ich ja noch dämlicher. Und ich war so froh, dass Willie den Louvre doch nicht verlassen hatte. Also ist er über die Brücke gelaufen.«

Kim langte nach der verletzten Hand.

»Das kann eine Katze gewesen sein. Ich bin mir sogar fast sicher. Das Tier war meiner Ansicht nach kleiner als Willie und bewegte sich anders. – Halt still!« Er begann an der Hand zu saugen und spuckte zwischendurch kräftig aus. Dennis hielt tapfer still, bis das Blut wieder floss.

»Hundebisse sind gefährlich. Lass die Hand jetzt ordentlich bluten, dann hast du eine Chance, eine Entzündung zu vermeiden«, erklärte Kim.

»Alles, was du willst«, seufzte Dennis hoffnungslos. »Danke übrigens. Auch fürs Losbinden.« In sich versunken hockte er eine Weile da und ließ das Blut herabtropfen. »Ich hatte gehofft dein Freund zu werden. Aber so ein Versager wie ich kann bestimmt nie dein *peng you* werden, nicht wahr?«

»Lieber nicht«, sagte Kim und langte nach der Kerze.

»Ich verstehe«, sagte Dennis voller Bitterkeit. »Ich bin eine Niete und außerdem fett und unbeweglich. In der Schule werde ich deshalb ständig gehänselt, weißt du? Als wir hier ankamen, war ich froh aus meiner eigenen Zeit rauszukommen. Gehänselt hat mich hier noch keiner, das war richtig erholsam. Fett sein ist hier keine Schande, das hab ich bei Tonton begriffen. Und ich dachte, ich mache endlich mal was ganz Tolles, wenn ich Willie rette, und dann reite ich uns erst recht in die Scheiße ...«

»Warum strengst du dich bloß so an, dich vor dir selbst schlechtzumachen?«, fiel ihm Kim ins Wort. »Du bist doch nicht dumm, du hast Grips im Kopf. Aber was deinen Versuch, tapfer zu sein, betrifft, lass dir durch den Kopf gehen, was ein berühmter chinesischer Philosoph gesagt hat: ›Wer den Mut hat, verwegen zu sein, wird sterben. Wer den Mut hat, feige zu sein, wird leben.‹«

Dennis lachte gequält auf. »Das hättest du mir vorher sagen sollen, jetzt stimmt es aufs Haar genau. Ich dachte, diese Weisheit stammt von deinem Großvater.«

»Er hat sie mir beigebracht.« Kim stand auf.

»Ist dein Großvater wirklich ein Fürst?«, fragte Dennis schüchtern.

»Das war er, als es noch Fürsten in China gab. Vor der großen Revolution im letzten Jahrhundert. Kannst du wieder stehen? Oder besser noch laufen?«

»Ich versuch's.« Mühsam rappelte sich Dennis auf und schwankte. Kim nahm ihn an der unverletzten Hand.

»Wenn du willst, bleib hier. Aber besser wär's, du kämst mit. Wir müssen uns unser Gefängnis näher ansehen.«

Dennis wollte auf keinen Fall allein im Dunkeln zurückbleiben. Schweigend stapften sie über matschigen Boden. Eine zentimeterdicke Schicht übelriechenden Schlamms hatte sich auf den Steinen abgelagert, die den Boden bildeten. Das Licht der Kerze huschte über Wände und Decke. Alles war aus den gleichen massigen Quadersteinen wie das Küchengeschoss zusammengefügt. In den Ritzen wuchsen schimmelgrüne Flechten und fahles Moos.

Der Keller dehnte sich recht weit aus und setzte sich in einem Kriechgang fort, der aber an einer Wand endete. Falls sie gehofft hatten, einen zweiten Ausgang zu entdecken oder irgendeine Fluchtmöglichkeit, so wurden sie enttäuscht. Es gab nur die eine Tür hinaus und vor dieser hatten Concinis Wachen Posten bezogen.

Bedrückt schleppten sie sich zu den Stufen zurück, dem einzigen Platz, wo sie wenigstens im Trockenen saßen.

»Wie spät ist es?«, erkundigte sich Dennis.

Kim zog die Uhr hervor und warf einen schnellen Blick darauf, ohne sie Dennis zu zeigen.

»Gleich zwölf.«

»Noch sechzehn Stunden, bis wir nach Hause können, wenn uns Concini nicht vorher erledigt.«

Es war ein Uhr durch, aber Dennis sollte glauben, ihnen bliebe noch etwas mehr Zeit. Kim stand wieder auf und stellte sich unter den Ring, an dem er festgebunden gewesen war.

»Ich hab Durst«, schrie er, so laut er konnte, »hört mich keiner? Ich will was zu trinken!«

Schritte näherten sich der Tür, eine tiefe, barsche Männerstimme raunzte: »Was ist?«

Kim schrie noch einmal.

»Nichts zu machen, Kleiner. Du musst warten, bis der Marquis zurückkehrt. Er hat die Schlüssel.« Die Wache schlurfte wieder davon.

»Ich weiß nicht, was du vorhast, aber gib's auf«, sagte Dennis, »oder wie willst du mit der Wache fertig werden, wenn sie wirklich hereinkäme? Es sind zwei Mann.«

Es sind *nur* zwei Mann und sie wissen nicht, dass wir uns befreit haben, dachte Kim tapfer. Zwei überrumpelte Männer als Gegner zu haben war vielleicht gerade noch überschaubar. »Ich weiß«, sagte er und setzte sich wieder. »Diese dicken Pluderhosen sind gar nicht so übel. Wir kriegen darin keinen kalten Hintern.«

»Stimmt.« Dennis lachte zitternd. »Warten ist für mich das Allerschlimmste. Warten auf Concini und den Tod am Galgen«, setzte er mutlos hinzu.

Kim lauschte. Ihm war, als ob er ein verstohlenes Scharren hören würde. Ein sehr verstohlenes Scharren. Wahrscheinlich Ratten. Von diesen Viechern musste es hier nur so wimmeln. »Ich würde jetzt nicht an den Galgen denken.«

Die Zeit schlich dahin, das Herumsitzen auf den Stufen und die Ungewissheit ihres Schicksals waren schwer auszuhalten. Mit der feuchten Kälte, die ihnen in die Glieder kroch, überkam sie zunehmend eine düstere Stimmung. Kim fühlte sich in dem finsteren Keller wie lebendig begraben. Zum ersten Mal kam ihm Tante Bettys altes Haus geradezu anheimelnd vor.

»Ich habe immer gedacht«, begann Dennis mit kläglicher Stimme, »König zu sein ist großartig. Alle schauen zu dir auf, du bist jemand, ohne was dazu tun zu müssen. Aber Ludwig ist doch bloß arm dran, umgeben von Spitzeln, Spionen und Feinden. Er hat überhaupt nichts zu melden und trotzdem will ihn Concini gegen seinen jüngeren Bruder Gaston austauschen. Bestimmt planen sie ihn umzubringen. Ist doch richtig, oder?« Allmählich gewann seine Stimme an Festigkeit.

Kim hatte im Augenblick wenig Lust, sich mit den Schwierigkeiten des französischen Königs zu beschäftigen, seine eigenen lagen ihm näher. »Bestimmt«, gab er lahm zu.

»Gaston sieht nicht älter aus als neun«, fuhr Dennis unbeirrt fort. »Und das heißt, es dauert noch vier Jahre bis zu seiner Volljährigkeit mit dreizehn. So lange könnte Concini auf alle Fälle so weitermachen wie bisher. Glaubst du, die Königin ist damit einverstanden, dass ihre Söhne ausgetauscht werden?«

»Scheint so.«

Dennis redete sich immer mehr in Fahrt. »Robin hat gesagt, sie beteiligt Ludwig nicht an der Regierung, wie es eigentlich sein müsste, und sie tut alles, was die Concinis wollen. Aber was ich besonders gemein finde …« Dennis zögerte.

»Ja, was?«, fragte Kim mit einem Anflug von Interesse.

»… ist, dass sie ihren ältesten Sohn nicht liebt. Ich glaube, sie hat alle ihre Kinder nicht besonders gern. Sie hat sie angeschaut wie Affen im Zoo. Oder schlimmer noch. Völlig gleichgültig. Für ihren Hund hat sie mehr übrig.« Dennis stockte kurz. »Tante Betty hat von deiner Mutter erzählt. Sie ist doch vor einem halben Jahr gestorben. Vermisst du sie?«

Auf einmal wurde Kim klar, dass er sich über diese französische Mutter, die Königin war, maßlos ärgerte. Diese gleichgültige lieblose Person hätte er am liebsten geschüttelt oder getreten. Gerade weil er seine Mutter so sehr vermisste. Der Schmerz machte ihm das Atmen schwer. Eine Mutter durfte nicht so herzlos mit ihren Kindern umgehen. Dann lieber keine, dachte er, als so eine schreckliche. Anscheinend gab es eine Verbindung zwischen ihm und Ludwig. Beide sehnten sie sich nach einer Zuneigung, die sie nicht haben konnten, beide kämpften sie – Kim dachte noch einmal nach – mit Verlust oder Verzicht.

Dennis schwieg jetzt. Irgendwo tropfte Wasser und irgendwo scharrten die Ratten, viele Ratten. Das Geräusch klang lauter. Lisas Bruder rückte näher an Kim heran, er musste das Scharren auch hören und bestimmt verstärkte es seine Furcht. Abgespannt legte Kim ihm den Arm um die Schulter.

»Hast du die Zähne der Leute bemerkt?«, fragte er, um das Scharren zu übertönen.

»Ich habe noch nie so viele Leute gesehen, denen Zähne fehlen«, ging Dennis bereitwillig auf seine Bemerkung ein, »manche haben nur noch schwarze Stumpen im Mund. Zahnbürsten kennen die hier nicht, nehme ich an – oder Zahnpasta. Aber das kann uns egal sein. Das hier ist kein Abenteuer, wie ich es mir immer erträumt habe, es ist eine Katastrophe und größtenteils bin ich daran schuld.« Der Jammer packte ihn erneut.

»Wenn du erst wieder zu Hause bist, ist es das größte Abenteuer, das du jemals hattest, darauf wette ich mit dir«, sagte Kim ziemlich laut.

Das Scharren flößte ihm jetzt selbst Furcht ein. Er sah die Ratten nicht, hatte aber die quälende Vorstellung, dass sie näher und näher rückten. Eine ganze Armee von Ratten.

»Du glaubst fest daran, dass wir wieder nach Hause kommen? Ich nicht«, sagte Dennis abgrundtief mutlos.

»Es ist besser, du tust es.«

Kims Schätzung nach war es bestimmt längst drei Uhr durch. Warum ließ Concini sie so lange schmoren, warum kam er nicht zurück? Hoffte er, sie durch das Warten mürbe zu machen, oder hatte er Lisa doch gefasst und nahm sie sich jetzt vor? Kim hielt das Sitzen nicht mehr aus. Vorsichtig nahm er den Arm von Dennis Schulter. Der Junge sackte etwas zusammen, als ob er eingenickt wäre. Aber nun schreckte er auf. »Was ist? Holen sie uns?«

Tonton

Wie als Antwort auf Dennis Frage erklang eine kräftige Männerstimme. »Zu eng. Ich passe da nicht durch. Kriecht ihr rein, aber beeilt euch.«

Die Stimme kam Kim bekannt vor. Seltsamerweise schallte sie aber nicht von der Tür her, sondern aus der Richtung, in der der niedrige Tunnel lag, in den sich der Keller fortsetzte. Als Nächstes hörten sie Stimmen, deren Klang sie förmlich in die Höhe riss.

»Geh du zuerst«, sagte die eine.

»Na gut, dann halte die Laterne«, antwortete die andere.

Konnten sie sich verhört haben? Spielte ihnen ihre Einbildung diesen Streich?, fragte sich Kim ungläubig. Helle Aufregung durchflutete ihn.

Er schnappte sich die Kerze. Dennis war bereits von der Stufe gerutscht und lief im Dunkeln durch den Matsch, den Stimmen entgegen.

Licht drang aus dem Gang und beleuchtete eine tief gebückte Gestalt, deren Schatten der Schein der Laterne zu einem buckligen Ungeheuer verzerrte. Aber Dennis hatte überhaupt keinen Zweifel.

»Robin«, schrie er, »wir sind hier!«

Kim war auf den Stufen stehen geblieben. Von draußen drangen Geräusche herein. Mehrere Leute näherten sich der Tür.

»War irgendwas?«, herrschte Concini die Wache vor der Tür an.

Die Antwort war nicht zu verstehen.

Schlüssel klirrten.

»Wird's bald?«, schnauzte Concini. »Du wirst doch noch die Schlüssel auseinanderhalten können.«

Die Wache hatte also gelogen, als sie vorhin behauptete, Concini hätte die Schlüssel mitgenommen, fuhr es Kim durch den Kopf. Gehetzt schaute er sich um. Sein Blick fiel auf die Stricke, huschte über die Tür. Ja, da steckte ein Haken neben der Tür in der Wand.

Von außen wurde ein Schlüssel ins Schloss geschoben, aber er drehte sich nicht. Jemand fluchte.

Kim sprang von den Stufen und holte die Stricke. Mit fliegenden Fingern band er den ersten fest, zog ihn straff über die Tür und schlang ihn auf der anderen Seite um die obere, ein Stück herausstehende Türangel.

»Ich helfe dir.« Wie ein Schatten war Lisa neben ihm aufgetaucht.

»Halt den Strick straff, während ich ihn verknote«, wies Kim sie an.

Auf der anderen Seite der Tür wurde der nächste Schlüssel ausprobiert.

»Warum machst du das?«, fragte Lisa ihn nervös. »Du brauchst nur den anderen durch den Gang zu folgen.«

Kim band auch den zweiten Strick fest. »Ich weiß. Aber das hier wird sie aufhalten, vielleicht brauchen wir die Zeit.«

»Du hast recht, ich habe nicht an den Stein gedacht. Der ..., ach komm jetzt, du wirst ihn ja sehen.«

Seite an Seite hasteten sie zum Tunnel. Das Licht der kleinen Laterne fiel auf einen Rattenkadaver, der tief im Matsch steckte. Lisa schrie angewidert auf, Kim fasste sie an der Hand und zog sie weiter.

»Wie habt ihr es hier bloß so lange ausgehalten?«, fragte Lisa schaudernd.

»Blieb uns nichts anderes übrig.«

Robin und Dennis waren bereits durch den Tunnel verschwunden, an dessen Ende eine zweite Laterne leuchtete. Kim und Lisa tauchten in den niedrigen Gang ein, aber bevor sie hinten hinauskrochen, hörten sie wütendes Geschrei und Schläge, die an die Tür donnerten. Alles ein bisschen gedämpft.

Der Gang mündete in einen größeren. Direkt hinter der Öffnung, durch die Lisa und Kim sich zwängen mussten, wartete Tonton.
»Schneller!«, drängte der Koch mit hochrotem Gesicht und stemmte sich gegen einen großen Stein, der wohl genau in das Loch passte. Dennis wollte Tonton helfen, aber er scheuchte ihn fort. »Weg da, das mach ich besser allein, du behinderst mich nur.« Tatsächlich gelang es ihm ganz ohne Hilfe, den Stein in seine alte Position zu schieben. Wer nicht Bescheid wusste und von der anderen Seite darauf stieß, musste glauben, dass der Gang dort endete.
»Wir haben es geschafft!«, jubelte Lisa. »Ihr glaubt gar nicht, was ich für eine Angst ausgestanden habe, wir würden euch nicht finden.« Sie fiel Dennis um den Hals und zog auch Robin an sich. Schließlich griff sie mit einer Hand nach Kim, verlegen ließ er die Umarmung über sich ergehen.
»Wir waren an Eisenringen festgebunden, aber er hat uns befreit, er ist ein richtiger Held.« Dennis strahlte seine Schwester an.
»So blöd bin ich nicht«, warf Kim nervös ein. »Und was ich gemacht habe, hätte uns nicht viel genutzt, wenn ihr uns nicht aus dem Keller herausgeholt hättet.«
»Und Tonton, Monsieur Tonton …«, quiekte Robin.

»Ach was.« Der dicke Koch schob sie alle ungeduldig vor sich her. »Lauft! Ich bin nicht der Einzige, der etwas von diesen Gängen weiß. Es würde mich nicht wundern, wenn Concini«, er sprach den Namen aus, als wenn er in Gedanken ausspuckte, »sie auch kennt. Er ist durch seine Spitzel, diese Ratten, bestimmt über jedes Schlupfloch in unserem alten Kasten unterrichtet.«

Sie rannten den Gang hinunter.

»Wozu dienen diese Gänge?«, fragte Kim.

»Teilweise gehören sie zu den alten Wehranlagen, werden aber dafür nicht mehr gebraucht. Der Louvre wird ständig umgebaut oder erweitert. Jetzt werden über die Gänge Fässer mit allem Möglichen wie Bier, Wein oder Schießpulver angeliefert. Es gibt weiter vorn eine Luke zum Wehrgraben.«

»Und der Keller, in dem wir steckten?«, fragte Dennis. »Ich hab gedacht, der sei das Gefängnis oder die Folterkammer.«

»Ach was. Bevor der Raum feucht wurde, lagerten dort Vorräte. Brennholz zum Beispiel.« Tonton kannte sich hervorragend in den unteren Geschossen, in denen sein Reich ja lag, aus.

Ohne einer Wache zu begegnen, gelangten sie in die Küche. Unter den Tischen lagen schlafende Küchenjungen, gleichmäßiges Schnarchen schallte ihnen entgegen.

Ein graues Kätzchen rieb sich an Tontons Bein und miaute. Er nahm es auf, kraulte es zärtlich und ging weiter. Einer der angrenzenden Räume war die Backstube. Wohlige Wärme empfing sie und ein köstlicher Duft nach Gewürzen wie Zimt und Vanille.
Ein verschwitzter Küchenhelfer befeuerte den riesigen Backofen.
»Leg dich schlafen, ich mach das«, sagte Tonton.
Der Junge riss erstaunt die Augen auf und verschwand wie der Blitz.
Von Lisa erfuhren Kim und Dennis, dass Philipp sie aus den Klauen der Dame befreit hatte, deren Schmuck sich in ihrem Ärmel verhakt hatte. Und Robin hatte sie in der Küche in Sicherheit gebracht. Dort hatte sie endlich ihn und den Koch über Willie und die Verwechslung mit dem Hund der Königin aufgeklärt.
»Jeder Mensch braucht was zum Liebhaben«, sagte Tonton ernst und drückte behutsam die winzige Katze an sich. »Ich wäre auch außer mir, wenn Mimi verschwände. Deshalb darf sie die Küche nicht verlassen. Tagsüber sperre ich sie ein, damit sie nicht hinausläuft.« Es war schon seltsam, dass sich der riesige Koch ein so kleines Geschöpf zum Liebhaben ausgesucht hatte. Sein Gesicht war ungewöhnlich weich geworden, während er Mimi streichelte, die spielerisch mit einer Pfote nach ihm hieb.

»Und woher habt ihr gewusst, dass Concini uns festgenommen hatte?«, fragte Dennis.
»Philipp hat uns eine Botschaft geschickt«, sagte Robin. »Er konnte nicht selbst kommen.«
»Ja, und da wäre noch etwas …«, begann Lisa.
Wusste sie über Gaston Bescheid?, fragte sich Kim und sah sie aufmerksam an. Sie hatte den Raum, wo Ludwig seine Geschwister bewirtete, bereits verlassen, als Robin erklärte, wer »Monsieur« war.
»Ich habe mich schon gefragt, wann ihr damit herausrückt, weshalb euch der König in meine Küche geschickt hat«, unterbrach Tonton sie. »Falls es nur um die Hundegeschichte geht, die kenne ich jetzt. Aber falls es noch etwas anderes gibt, etwas, das mit Politik zu tun hat, behaltet es für euch. Das geht mich alles nichts an.«
»Aber es betrifft den König«, brauste Dennis auf.
»Und Concini. Ich glaube, Sie mögen ihn auch nicht«, schaltete sich Lisa entschlossen ein.
»Halt, halt, halt«, wehrte Tonton entschieden ab. »Ich muss was klarstellen. Der König interessiert mich durchaus. Aber letzten Endes kann es mir gleich sein, wer oben regiert, solange mir hier unten niemand reinredet. Und das ist umso weniger der Fall, je mehr ich mich aus allem raushalte.«

Kim verneigte sich feierlich. »Eine sehr gesunde Einstellung. Schon der große Gelehrte Konfuzius sagte, mit Tugenden wie Neugier, Entdeckerfreude, Wagemut und Tapferkeit macht man sich eher verdächtig.«

Sprachlos glotzten alle Kim an.

Tonton räusperte sich verlegen. »Dein Konfuzius war aber ein ganz Schlauer. So, wie er sich ausdrückte, meine ich es auch wieder nicht. Ich weiß einfach, wohin ich gehöre. Und«, er streckte herausfordernd seine Wampe vor, »dieses Arschgesicht Concini kann ich tatsächlich nicht leiden. Deshalb habe ich euch aus dem Keller geholt.«

»Dann sind Sie ja doch nicht so neutral, wie Sie vorgeben«, wandte Lisa kriegerisch ein.

»Hüte deine Zunge, Mädchen! Du machst mich noch magenkrank mit deinen Spitzfindigkeiten. Ihr wisst bestimmt nicht, auf was ihr euch einlasst.« Sein Blick fiel auf Robin. »Und ihr haltet Robin da raus, verstanden? Du willst Koch werden«, fuhr er auf den kleinen Robin los, »das wirst du nie, wenn du deine Nase in Dinge steckst, die dich einen feuchten Kehricht angehen.« Schließlich wandte er sich an Lisa und Dennis. »Und was euch zwei Hübschen betrifft: Legt euch bloß nicht mit dem größten Schlitzohr an, das der Louvre je gesehen hat. Der einzig Vernünftige von euch ist der da!« Er deutete auf Kim.

»Danke ergebenst.« Kim legte die Faust auf die Brust und verneigte sich anmutig.
»Oder du bist besonders ausgekocht, das habe ich noch nicht herausgefunden«, funkelte ihn Tonton an. »Und jetzt geht ihr schlafen. – Das heißt«, er schaute prüfend von einem zum anderen, »hol mich der Henker, ihr seht halbverhungert aus. Ich bereite euch fix eine Pfanne Rühreier. Was wollt ihr dazu trinken? Bier oder Wein?«
Das Angebot kam ein bisschen plötzlich, aber Dennis rieb sich schon in Vorfreude den Bauch.
»Wir sind Alkohol nicht gewöhnt. Haben Sie kein Wasser?«, erkundigte sich Lisa.
Tonton riss entsetzt die Augen auf. »Wasser? Viel zu ungesund! Ihr kriegt dünnes Bier, das ist was für kleine Kinder.« Geschäftig holte er eine riesige Bratpfanne, für die er beide Hände brauchte, um sie zu halten. Er schlug mindestens ein Dutzend Eier in eine Schüssel, gab Milch dazu und quirlte alles in rasendem Tempo durcheinander. Die Mischung goss er in die Pfanne und schob diese in den warmen Backofen.
Beim Zusehen wurde Kim sich seiner Müdigkeit bewusst. Auch Dennis hing schläfrig auf einem Hocker, beim Warten auf die Rühreier verging ihm wohl der Appetit. Immer öfter schielte er zu dem Strohsack, der unter einem

der Tische ausgebreitet lag. Mimi hatte sich längst darauf zusammengerollt.
Als Einzige waren Robin und Lisa munter geblieben, sie redeten leise miteinander. Lisa fing Kims Blick ein und formte mit den Lippen eine Frage: »Wie spät?«
Kim sah auf die Uhr, hob die Hand und spreizte alle Finger. »Fünf!«
Noch elf Stunden.
Als die Rühreier fertig waren, zwang Tonton die vier die Pfanne leer zu essen. Selbst Dennis, dem die Eier besonders gut schmeckten, stöhnte wegen Übersättigung.
»Und jetzt«, sagte Tonton und deutete gebieterisch auf den Strohsack. »Dahin. – Robin, du darfst bei deinen Freunden schlafen«, fügte er großmütig hinzu.
»Robin kann schlafen, wenn er das möchte«, sage Lisa bestimmt, »aber wir gehen Willie suchen. Zu dieser Zeit müsste es im Louvre am ruhigsten sein. Wenn Willie noch hier herumirrt, wie Kim sagt, haben wir jetzt eine Chance, ihn zu finden.«
»Ich komme mit«, sagte Robin aufgekratzt, »das ist abgemacht.«
Tonton sog rasselnd den Atem ein, um loszubrüllen, und schwang die leere Pfanne durch die Luft. Alle duckten sich automatisch – bis auf Lisa. Die Drohgebärde des Kochs möbelte sie im Gegenteil richtig auf.

Furchtlos stellte sie sich ihm entgegen, als wüsste sie genau, dass er zu den Hunden gehörte, die zwar bellen, aber nicht beißen. Sie hatte ja schließlich Erfahrung mit Hunden. Vielleicht feuerte sie die Sehnsucht nach ihrem verschwundenen Willie auch derart an. Kim hatte noch nie ein Haustier gehabt, so konnte er sich wenig in sie hineindenken. Und irgendwie gehörten Hunde für ihn immer noch in die Abteilung Mittagessen.

»Was würden Sie tun, wenn Mimi weg wäre?«, schrie Lisa mit blitzenden Augen.

Als ob die Luft aus einem Gummiballon entweichen würde, schrumpfte der riesige Tonton zusammen und setzte aufstöhnend die Pfanne ab. »Ach Mädel«, seufzte er verstört und zog Lisa an sich. »Ich glaube, du bist aus einem Drachenei gekrochen.«

»Und der Drache«, warf Kim ein, »ist bei mir zu Hause ein Glückszeichen.«

Nach einem kleinen Wortwechsel, den Tonton bestimmt nur führte, um nicht restlos das Gesicht zu verlieren, durfte Robin mit. Sie brauchten ja auch einen Führer durch den Louvre und der Küchenjunge kannte sich wenigstens halbwegs in den oberen Etagen aus.

Tonton gab ihnen zwei kleine Laternen mit.

»Sobald draußen die Hähne krähen«, sagte er nervös und riss eigenhändig die Tür für sie auf, »kommt ihr zurück.

Dann wird es für euch zu gefährlich. Und geht ja den Wachen aus dem Weg. Und lasst euch von niemandem ansprechen…« Er redete noch, als sie bereits den Flur entlanghasteten.

Damit sie nicht erkannt wurden, hatten sich auch Kim und Dennis die Haare gepudert. Außerdem hatte Tonton ihnen graue Kittel verschafft und ihnen Besen in die Hände gedrückt. Anscheinend wurde im Louvre auch ab und zu geputzt oder der Dreck wenigstens in die Ecken gefegt.

Nachts im Louvre

Die Diebe und Halsabschneider waren, wie Robin ihnen mit zitternder Stimme versicherte, mit dem Tagespersonal verschwunden. Hoffte er wenigstens, ganz sicher war er sich wohl nicht. Aber da er die Diebe und Halsabschneider erwähnt hatte, mussten sie jetzt alle ständig an sie denken. An sie und Concinis Wachen, und das zusammen ergab eine ungute Mischung. Es machte sie furchtsam, ohne dass ihnen in den ersten Minuten etwas Schreckliches begegnete. Das kam erst später.

Weil sich die vier so mucksmäuschenstill verhielten, fiel ihnen jeder nicht ganz eindeutige Laut auf und machte sie nervöser, als sie ohnehin schon waren. Einmal ließ sie ein Rasseln und Scheppern zusammenzucken, aber dann stellte sich heraus, dass einer schlafenden Wache die Waffen aus der Hand gefallen waren. Der Mann saß ganz in sich zusammengesunken vor einer Tür auf einem Hocker und wachte nicht einmal bei seinem eigenen Lärm auf. Neben ihm stand ein Krug, aus dem es schwach

nach Wein roch. Wahrscheinlich war der Mann sturzbetrunken.
»Warum sitzt der hier?«, erkundigte sich Dennis unnötig gedämpft bei Robin. Den Mann konnte höchstens ein Kanonenschuss wecken.
»Die wichtigen Adeligen wie die großen Herzöge, die alle Wohnungen im Louvre haben, halten sich ihr eigenes Wachpersonal. Es laufen so viele Intrigen und Verschwörungen, dass auch jeder, der gerade nicht in eine verwickelt ist, damit rechnen muss, irgendwann erstochen im Bett zu liegen.«
Auf leisen Sohlen huschten sie an dem Schlafenden vorbei. »Wie witzig!«, murmelte Dennis schaudernd. »Was nützt einem wohl eine schlafende Wache?« Er war versucht dem Mann mit dem Besen aufs Knie zu klopfen, aber Robin stieß ihm seinen eigenen Besen ins Kreuz und scheuchte ihn weiter. Er ging neben Dennis und trug eine der Laternen, die andere hatte Lisa in der Hand und leuchtete Kim. Sie hatten sich aufgeteilt. Zwei hielten sich rechts und die anderen beiden links, um hinter Vorhänge, Armlehnstühle und Truhen zu spähen und leise nach Willie zu rufen.
Ihre Schatten glitten, manchmal ins Riesenhafte verzerrt, über die Wände. Wie vor einem Schlossgespenst schraken sie dann zusammen.

Zwei verschlafene Diener kamen an ihnen vorbei. Mit weit ausgestreckten Armen trugen sie volle Nachttöpfe vor sich her und verbreiteten einen unverkennbaren Gestank nach Kohl, der durch einen menschlichen Darm gewandert war.

Von Tontons Rührei gestärkt, brachten die vier die erste Stunde noch in leidlicher Verfassung hinter sich. Tapfer irrten sie über lange Flure und durch dämmrige Säle, ohne auch nur den Hauch einer Ahnung, wo sich Willie verkrochen haben könnte. Falls sie die Größe des Louvre richtig abschätzten, suchten sie die sprichwörtliche Nadel im Heuhaufen. Keiner mochte zugeben, wie wenig er noch mit einem Erfolg der Suchaktion rechnete. Trotzdem trieb Lisa sie unerbittlich vorwärts. Ihr lag am meisten daran, Willie zu finden. Nur auf Dauer konnte auch sie ihre Mutlosigkeit nicht länger verbergen.

Oben in der kleinen Galerie legten sie endlich eine Pause ein. Lisa trat ans Fenster, sie mochte keinen der anderen anschauen.

Mondlicht flutete in einer breiten schimmernden Bahn herein, geisterbleich stand der Vollmond am Himmel. Aufseufzend legte Dennis den Kopf an die kalte Glasscheibe. »Es hat überhaupt keinen Zweck. Wir können ja nicht einfach in jedes Zimmer rein und unter den Stühlen oder dem Bett nachsehen.«

»Stimmt«, bestätigte Kim erleichtert, ihm ging die Suche schon lange gegen den Strich, »*mei banfa* – da kann man nichts machen.«

Willie konnte durchaus in ein Schlafzimmer gelaufen sein, vor dem eine Wache stand oder saß oder schlief.

»Toll, dass ihr so zu mir haltet«, sagte Lisa erbittert. »Ich bin genauso müde wie ihr. Meine Füße tun mir weh und das Jucken macht mich wahnsinnig. Geh mit Robin zurück, Dennis, und verkriech dich in der Küche. Und du, Kim, hast ja sowieso nicht viel Interesse daran, Willie zu finden.«

Kim schaute versonnen in den Mond. Dort wohnte der Hase oder eine Dame namens Chang E. Sie hatte ihrem Gatten den Unsterblichkeitstrank weggetrunken und war danach vor ihrem nach Rache dürstenden Mann auf den Mond geflohen. Sie war einfach durchs Fenster davongesegelt. Kim stellte sich die Frau mit milchweißer Haut und langem Haar vor, das früher für ihn schwarz gewesen war und jetzt feuerrot. Etwa so wie Lisas.

»Das stimmt doch überhaupt nicht, sonst wäre er doch gar nicht hier«, sagte Dennis aufgebracht und puffte Kim in die Seite.

»Was?« Kim riss seinen verträumten Blick vom Mond los und von einer Lisa, die keine Forderungen stellte und nur lieblich von oben auf ihn herablächelte.

»Da hast du's«, zischte die echte Lisa, »kein bisschen Interesse. Ist ja auch verständlich«, fuhr sie ätzend fort. »In China essen sie Hunde! Deshalb kannst du kaum erwarten, dass er Lust hat, sich für Willie die Nacht um die Ohren zu hauen. Was geht ihn schon ein kleiner Hund an, den er nicht an einen Bratspieß oder in den Topf stecken kann?« Aus Lisa sprach pure Verzweiflung oder Erschöpfung, das war Kim nur allzu klar. Deshalb konnte er ihr nicht böse sein. Und irgendwie hatte sie ja sogar recht. Und das stank ihm jetzt auch.

»Du spinnst«, sagte Dennis, »niemand isst Hunde.«

»Doch. In China essen sie alles, was vier Beine hat und kein Stuhl ist«, erklärte Kim bedacht. »Hundefleisch wird vor allem im Winter zu Eintopf verarbeitet, der wärmt einen so richtig von innen.«

Hätte er doch den Mund halten sollen? Lisa sah ihn an, als hätte er den Vorschlag gemacht, ihren Bruder im Topf zu kochen.

»Hör auf!«, schrie sie, ihre Erschöpfung verflog auf der Stelle.

Sogar Dennis wirkte nun weniger schlapp. Kim atmete heimlich auf, er hatte erreicht, was er wollte. Aber wollte er das wirklich? War es nicht viel bequemer, wenn sie alle zusammen in die Küche zurückschlurften und sich ein paar Stunden Schlaf gönnten?

Er fühlte sich hin- und hergerissen. Das halbe Europa in ihm stritt sich mit dem halben China. China sagte, er solle sich schleunigst verkrümeln, aber Europa wetterte gegen diese schlaffe Haltung, sodass ihm der Kopf summte. Ihre Suche war so oder so ein schlechter Witz. Aber würde sich Lisa überhaupt einsichtig zeigen? Das bezweifelte er sehr. Die Empörung über ihn flammte nur so aus ihren schönen grünen Augen. Den Augen, die es ihm so sehr angetan hatten.

»Du kommst aus China? Nicht aus der Tatarei? Von China hab ich …«, begann Robin erstaunt.

Blitzschnell hielt ihm Kim den Mund zu. »Unter den Billardtisch«, befahl er, »sofort!«

Schritte näherten sich der kleinen Galerie, und zwar nicht die schlurfenden Schritte von Dienstboten, die sich vor Müdigkeit kaum auf den Beinen halten konnten. Kim stellten sich die Nackenhaare senkrecht, als er mit den anderen unter den Billardtisch hechtete, wobei sie jedes Geräusch zu vermeiden suchten.

Leider quietschte Robins Laterne, als er sie abblendete.

»Was war das, Hauptmann Braque?«, fragte jemand.

Die Schritte kamen näher.

Das Mondlicht warf den Schatten des Billardtischs scharf gezeichnet auf den Fußboden. In diesem Schatten tauchten zwei Paar Stiefel auf.

»Kein Mensch zu sehen.« Jemand lehnte sich gegen den Tisch, die Stiefel befanden sich zum Greifen nahe. Bedrohlich nahe, nervenzerfetzend nahe.
Die Angst, die unter dem Tisch herrschte, konnte Kim riechen. Vor allem Robin stank vor Angst. Außerdem nach Zwiebeln, Kohl, Knoblauch und käsigem Schweiß. Der Gestank musste auch die Männer vor dem Tisch erreichen, aber wahrscheinlich rochen sie nichts, weil sie selbst zu sehr stanken. Ranzig, verschwitzt, muffelig. Kim wurde schlecht. Er kroch ans Ende des Tisches, schaute hoch und duckte sich wieder. Tatsächlich stand Hauptmann Braque mit einem Gefolgsmann kaum eineinhalb Meter von ihm entfernt.
»Ist alles vorbereitet, haben Sie mit den Männern gesprochen?«, fragte Hauptmann Braque.
Robin zitterte wie Espenlaub, er schlotterte unkontrolliert am ganzen Leib. Vor lauter Geschlotter stieß er gegen die Laterne. Sie klirrte, wenn auch nicht laut.
»Da war wieder was«, polterte der Begleiter von Hauptmann Braque, »diesmal hab ich bestimmt was gehört. Unter dem Billardtisch.«
Kim hatte das deutliche Gefühl, dass ihm das Blut in den Adern gerann. Er durfte aber der Furcht nicht nachgeben, sich nicht davon lähmen lassen. Er redete sich ein, die Ruhe selbst zu sein. Sei, befahl er sich, Großvater

Kaos Lehren für Gefahrensituationen im Sinn, ganz entspannt!

Mist, dachte er dann, es funktioniert nicht.

Vor dem Tisch ging Hauptmann Braque in Zeitlupentempo in die Knie und begann mit dem Degen unter dem Tisch zu stochern.

Lisa, Dennis und Robin schoben sich rückwärts. Die Degenspitze berührte Lisas Rocksaum, klopfte darauf herum. Lisa erstarrte. Dennis streckte die Hand nach dem Degen aus.

Was hatte er vor? Er würde doch nicht danach greifen wollen?

Braques Knie beugten sich stärker.

»Warten Sie«, sagte der andere Mann, »*ich* schau nach.«

Dennis machte eine rasche Bewegung, etwas kollerte über den Boden und eine Maus quiekte. Eine liebe kleine Maus quiekte genau im richtigen Augenblick. Hauptmann Braques Degen verschwand.

Kim nahm sich vor, Mäuse auf die Liste seiner *peng you* zu setzen. *Absolut nicht essbar.*

»Scheiß Mäuse«, sagte Hauptmann Braque, »also noch einmal: Ist alles abgesprochen?«

»Wir warten nur auf Ihren Befehl.«

»Der Befehl ist hiermit erteilt. Es muss gleich heute passieren. Sie halten sich mit Ihren Leuten in ständiger

Bereitschaft. Die reguläre Begleitung ist bereits woandershin versetzt. Sie wird Ihnen nicht dazwischenfunken. Das Schöne ist, dass er Sie nicht kennt, er wird also keinen Verdacht schöpfen.« Hauptmann Braque schlug dem anderen auf die Schulter oder den Rücken. Unter dem Tisch war nur der Schlag zu hören. »Legen Sie sich noch ein paar Stunden hin, aber ab acht müssen Sie mit dem Einsatz rechnen. Sie werden Ihre Beteiligung nicht bereuen. Marquis Concini wird sich Ihnen gegenüber sehr dankbar erweisen. Denken Sie immer daran: Es geht um die Zukunft Frankreichs.«

Die Männer verließen den Saal, während Hauptmann Braque weiter auf seinen Untergebenen einredete.

»Was hast du über den Boden rollen lassen?«, fragte Lisa, nachdem sie alle noch eine Weile stumm und wie eingefroren unter dem Tisch gekauert hatten.

»Eine Nuss. Ich hatte mir Nüsse als Notration in die Tasche gesteckt, unten in der Backstube. Möchte jemand eine Nuss?«

Keiner ging auf das Angebot ein und noch hatten sie nicht die Kraft gefunden, unter dem Tisch hervorzukriechen.

»Es kann nur irgendwas Gemeines sein, was die beiden vorhaben, wenn Concini dahintersteckt«, fuhr Dennis fort. »Wie spät ist es?«, fügte er angespannt hinzu.

Nach einem Blick auf die Uhr antwortete Kim: »Ungefähr halb sechs.«
Draußen krähte durchdringend der erste Hahn.
Robin stieß einen tiefen Seufzer der Erleichterung aus. »Wir müssen zurück in die Küche.«
Lisa zog ihre Laterne, die sie unter ihrem weiten Rock und den Unterröcken versteckt hatte, hervor. »Du schon, Robin, ich suche weiter.«
»Nein«, jammerte Robin, »tu mir das nicht an. Tonton macht Hackfleisch aus mir, wenn ich euch jetzt nicht zurückbringe.«
»Sieh mal, Robin«, sagte Lisa einschmeichelnd, »Tonton hat gesagt, wir müssten zurück, sobald die Hähne krähen. Wir haben aber nur einen gehört.«
Wie aufs Stichwort krähte der nächste.
»Und der da?«, fragte Robin halb verängstigt, halb herausfordernd.
»Hast du was gehört, Dennis?«, erkundigte sich Lisa.
»Ja«, antwortete Dennis, »ich hab gerade einen fahrenlassen. Tut mir leid, das kommt von den Rühreiern.«
»Das könnt ihr nicht machen.« Robin schluchzte fast. »Tonton bringt mich um, wenn ich allein aufkreuze.«
»Das liegt ganz bei dir«, mischte sich Kim ein und nahm Robin die Laterne ab. »Findest du ohne Licht zurück?«

Draußen schmetterte inzwischen mindestens ein halbes Dutzend Hähne ihren morgendlichen Kriegsgesang und der erste Karren rumpelte auf der Straße an der Seine entlang. Eine Peitsche knallte.
Vor allem Lisa und Dennis taten so, als würden sie von dem Lärm nichts hören.
Schließlich einigten sie sich mit Robin darauf, dass sie die Suche beendeten, sobald die Hähne *aufhörten* zu krähen.
Kim wunderte sich über sich selbst. Eigentlich hatte er zu Robin halten wollen, aber der Kummer in Lisas Augen war nicht wegzuleugnen und es war ihm nur allzu klar, dass Dennis und Lisa auch ohne ihn mit der Suche fortfahren würden. Alleinlassen wollte er die beiden auf keinen Fall.
Es wurde schwieriger, unbemerkt zu bleiben, deshalb gebrauchten sie die Besen, um sich glaubhaft als Putzpersonal zu tarnen. Noch mehr volle Nachttöpfe tauchten auf und draußen verblasste der Mond. Der Himmel wurde hell, sie löschten die Laternen und ließen sie vor einer Tür stehen.
Dennis fragte alle zehn Minuten nach der Uhrzeit.
Immer noch gingen sie davon aus, um Punkt vier Uhr nachmittags mit Hilfe der Uhr aus dem siebzehnten Jahrhundert ins einundzwanzigste zurückspringen zu kön-

nen. Und wenn das nicht stimmte? Wenn sie doch für einen Monat oder ein ganzes Jahr oder gar für immer hier feststeckten? Mit einiger Anstrengung verdrängte Kim die letzte Überlegung. Es war genug, sich auf vier Uhr zu konzentrieren.

Noch neun Stunden.

Der Zwerg

»Wir müssten in den Räumen der Königin nach Willie suchen«, sagte Kim. Er lief neben Lisa die eine Flurseite ab, sie hatten die alte Verteilung wieder aufgenommen.

»Stimmt. Warum ist uns das nicht früher eingefallen? Die Wachen, die Willie geschnappt haben, haben ihn bestimmt zur Königin gebracht. Vielleicht hat er sich dort verkrochen und wir können ihn herauslocken. Robin?«, rief sie gedämpft. »Weißt du, wo sich die Räume der Königin befinden?«

»Ja, aber um dort hinzukommen, müssen wir zuerst an den Räumen von König Ludwig vorbei.« Robin wies nach vorn.

»Sag mal«, fragte Lisa Kim leise, »weißt du über Gaston Bescheid?«

»Den Bruder des Königs? Das wollte ich dich auch schon fragen. Robin hat Dennis und mich aufgeklärt.«

Sie durchstreiften einen kleinen Salon.

Lisa schaute hinter einen staubigen Stuhl. »Dann habt ihr bestimmt Concinis Plan erraten, ihn gegen Ludwig auszutauschen.« Sie blieb stehen. »Leider hat mir Robin erst was über Gaston erzählt, als wir wieder in der Küche waren. Deshalb habe ich Philipp nichts mehr sagen können. Wir müssen mit ihm reden, damit er den König warnt.« Sie redete von Philipp in einem vertraulichen Ton, der Kim sehr störte. Als sie auf die andere Seite zu Robin wechseln wollte, hielt Kim sie fest. Robin kroch gerade hinter eine große Truhe.

»Müssen wir nicht. Der König geht uns überhaupt nichts an. Wir suchen Willie und sobald wir ihn haben, hauen wir ab.«

Lisa bedachte ihn mit einem vernichtenden Blick. »Der König hat uns gegen Concini beigestanden, vergiss das nicht.«

»Das hat er nur getan, um Concini eins auszuwischen, vergiss *das* nicht.«

»Egal, wir sind dem König was schuldig!«, beharrte Lisa.

Kim konnte über ihren albernen Edelmut nur den Kopf schütteln. Der König war weder mit ihnen verwandt noch befreundet. In China käme niemand auf die Idee, sich unter Lebensgefahr für jemanden einzusetzen, der ihn nichts anging. Das war eine sehr durchdachte Einstellung. Wenn sie jeder pflegte und sich intensiv nur um seine eigenen Leute kümmerte, ging es letztlich allen gut. Leider sah Kim am Schluss dieser Überlegung im Geist Ludwigs todtrauriges Gesicht vor sich, als seine Mutter ihn zum Trottel erklärte, und die alte Wut auf diese unmögliche Mutter schwappte wieder in ihm hoch.

Lisa hatte sich losgerissen, war zur anderen Seite gelaufen und zog Robin am Kittel hinter der Truhe hervor. Der Kittel hing über und über voll Staub, sodass Lisa ihn mit dem Besen abfegen musste.

»Robin, wir müssen zu Philipp. Wie kommen wir zu ihm?«

Ein gehetzter Ausdruck trat in Robins Augen. »Wir können nicht zu ihm.«

»Warum nicht?«

»Ich zeig's euch.«

»Dann aber rasch«, kommandierte Lisa.

Sie durchquerten das angrenzende Zimmer, in dem nur Stühle aufgereiht an der Wand standen, und bogen in einen Gang. Einige Meter weiter befand sich eine Doppelflügeltür, vor der zwei Wachen hin- und hermarschierten. Sehr aufrecht und hellwach.

Robin begann hektisch den Besen zu schwingen, die anderen machten es ihm nach. Kim erkannte die Tür wieder: Durch diese Tür hatten sie die Zutaten fürs Pfannkuchenbacken getragen.

»Hinter dem Wohnzimmer, wo Ludwig gestern seine Geschwister bewirtet hat, liegt sein Schlafzimmer. Philipp schläft auf einer Matratze direkt vor seinem Bett«, sagte Robin.

»Hat er kein eigenes Bett? Und kein eigenes Zimmer?«, fragte Dennis ungläubig.

»Bist du verrückt? Er ist Page, er muss immer beim König sein. Er und Breton schlafen jede Nacht bei ihm. Und meistens noch ein zweiter Page. Ludwig wird nie allein gelassen. Das wäre viel zu riskant.«

»Da hörst du's«, sagte Kim leise zu Lisa. »Du brauchst dir um Ludwig keine Sorgen zu machen. Es ist also unnötig, Philipp aufzuscheuchen.«

»Was heißt nie?«, erkundigte sich Dennis, der anscheinend immer alles genau wissen wollte. »Ist auch jemand beim König, wenn er, wenn er …«

»Kackt?«, nahm ihm Robin die Frage ab. »Ja, dann steht Doktor Heroard neben ihm und guckt sofort nach, was er gemacht hat. Daraus zieht er Schlüsse auf Ludwigs Gesundheitszustand.«

»Er guckt sich jeden Tag Ludwigs Kacke an? Du verarschst uns nicht? Schwörst du, dass du uns nicht auf dem Arm nimmst?«, fragte Dennis.

Robins Augen sprühten vor Entrüstung. »Warum sollte ich?«

»Und wenn er sich an- oder auszieht? Oder badet? Ist da auch immer jemand dabei?«

Robins Geduld war langsam erschöpft. »Der König von Frankreich wird an- oder ausgezogen, das macht er nicht selbst.«

»Was für ein Hundeleben«, stöhnte Dennis. »Hat hier noch keiner was von Privatsphäre gehört?«

Kim erinnerte sich daran, wie Tante Betty seine Unterwäsche kontrolliert und er sich darüber geärgert hatte. Tante Betty hätte hervorragend zum französischen König gepasst, sie war nur leider im falschen Jahrhundert geboren. Sie hatten jetzt den halben Flur gefegt und eine Staubwolke hing in der Luft.

»Und wie ist das beim Baden?«, hakte Dennis stur wie ein Esel nach.

Robin wirbelte noch mehr Staub auf. »Jetzt verarschst du mich. Der König badet nicht. Das wäre ja lebensgefährlich.«

»Nie?«, schnappte Dennis.

»Höchstens dreimal. Bei der Geburt, vor der Hochzeit und wenn er gestorben ist, aber das letzte Bad kann keinen Schaden mehr anrichten.«

»Seid ihr jetzt fertig?«, mischte sich Lisa ein. Sie hatte eifrig den Wachen vor den Füßen hergefegt. Selbst sie musste einsehen, dass es keine Möglichkeit gab, in Ge-

genwart der Gardisten in die Räume des Königs einzudringen.
Und Robin war immer zappeliger geworden. Dazu hatte Dennis mit seiner dämlichen Fragerei nicht wenig beigetragen. Robin wollte endlich zurück in die Küche.
Zu dritt überredeten sie ihn, sie noch bis zu den Räumen der Königin zu führen, vor allem Lisa war unter keinen Umständen davon abzubringen.
Die Wohnung lag gleich um die Ecke im angrenzenden Flügel. Kim passte besonders auf, denn irgendwo darüber befanden sich die Zimmer der Concini – und Großvater Kaos Reiseuhr.
Der erste Salon, den sie betraten, wurde nicht bewacht. Es war ein gemütliches Kaminzimmer mit Lehnstühlen und Wandbehängen, die bis zum Boden reichten. Sie verteilten sich und begannen leise nach Willie zu rufen. Kim umrundete einen der Lehnstühle vor dem Kamin, die Augen nach unten gerichtet, und erblickte ein Paar dunkelrote Schuhe mit silbernen Schnallen. Davon konnte es mehrere im Louvre geben, aber er hatte sofort das bestimmte Gefühl, diese zu kennen. Er prallte zurück.
»Robin!«, rief er leise.
Robin huschte heran, Kim deutete stumm auf eine schlafende Gestalt, deren Beine nicht bis zum Parkett reichten. Die Schuhe baumelten in der Luft.

»Die Kröte«, stieß Robin entsetzt hervor, »das hatte ich dir noch sagen wollen. Sie war in der Küche. Bloß weg hier. Es heißt, sie hat den bösen Blick.«

»Wer?«, fragte Lisa und kam näher.

»Der Zwerg der Königin, ihr bester Spion.«

»Und der Concinis«, fügte Kim hinzu.

Der Mann musste ein ganzes Stück kleiner als er sein. Jetzt verstand er, warum er immer nur die Schuhe gesehen hatte, als sie von ihm verfolgt wurden. Der mächtige Kopf saß auf einem zu kurzen Hals, der ganze Körper wirkte gedrungen und wie zusammengestaucht. An den fetten Fingern glitzerten Goldringe, mit Edelsteinen besetzt, und die Kleidung war mit feinster Spitze geradezu übersät. Das Spionieren musste ungeheuer einträglich sein.

Langsam öffnete der Mann einen Spalt breit die Augen. Langsam wichen Kim und die anderen zurück und begannen wieder zu fegen, immer schön im Bogen auf die Tür zu. Robin murmelte eine Entschuldigung.

Der Zwerg beobachtete sie und lachte plötzlich gackernd auf. Er sprang aus dem Sessel.

»Und was ist mit den Ecken?«, fragte er quiekend mit seiner hohen Fistelstimme. »Es ist doch immer das Gleiche: In den Ecken fegt keiner. Hiergeblieben!« Er zog seine Waffe, fuchtelte spielerisch damit herum und deutete in die Ecken. Es war ein sehr kurzer Degen, aber trotzdem nicht ungefährlich. Mit so einem scharfen Ding konnte man eine Menge Schaden anrichten.

»Wer ist Willie?«, fragte der Mann schmeichlerisch. »Ich habe euch nach einem Willie rufen hören. Hat sich ein Kind hierher verlaufen?«

»Nein, mein Hund«, antwortete Lisa zögernd.

»Ein kleiner weißer Hund?«, sagte der Mann voller Liebenswürdigkeit.

»Ja, das ist er!« Lisa ging erwartungsvoll auf ihn zu.

»Nicht!«, rief Kim, aber es war zu spät.

Die Kröte hatte Lisa die Degenspitze auf die Brust gesetzt.

»Und weiter? Warum sucht ihr ihn gerade hier?«

Lisa kämpfte mit sich, ob sie die Degenspitze beiseitedrücken sollte. Sie streckte schon die Hand danach aus, bog aber dann nur den Oberkörper zurück.

»Wir sind ganz friedlich«, sagte sie beschwörend. »Mein Hund sieht dem der Königin ähnlich, das ist das Problem. Er ist schon mal mit ihm verwechselt worden.«

»Ach wirklich? Wie ist dein Hund denn? Beißt er?«

»Niemals. Er tut wirklich niemandem weh. Er kläfft nur manchmal.«

»Ein netter kleiner weißer Hund«, sagte der Mann listig.

»Haben Sie ihn gesehen?« In Lisas Augen flammte Hoffnung auf. »Wo? Und könnten Sie jetzt bitte den Degen wegnehmen?«

»Könnte! Könnte! Erst müssen wir genau klären, wer ihr seid. Habt ihr Beweise für eure Behauptungen? Da könnte ja jeder in die Räume der Königin eindringen und sich unter einem Vorwand darin zu schaffen machen.«
»Wo haben Sie Willie gesehen?«, mischte sich Dennis ein. »Wenn wir die beiden Hunde zusammenbringen könnten, den der Königin und unseren Willie, müsste doch klar werden, dass wir die Wahrheit sagen.«
»Euer Hund beißt keine Leute in die Waden, er ist ein absolut friedfertiger Hund?«, fing der Zwerg wieder an. »Darauf kann ich mich verlassen?«
»Er muss oft den Hund der Königin ausführen«, wisperte Robin, »das gehört zu seinen Pflichten.«
Kim begann zu ahnen, was der Mann vorhatte. Die Kröte hatte kein Interesse daran, ihnen zu helfen. Sondern sie würde den Hund der Königin verschwinden lassen und durch Willie ersetzen, um sich weitere Hundebisse zu ersparen. An und für sich kein schlechter Plan.
»Sie wollen Willie doch nicht etwa behalten?«, fragte Lisa äußerst besorgt. Also durchschaute sie gleichfalls die finsteren Absichten des Mannes.
Die Kröte lächelte so garstig, dass es Kim den Atem verschlug. Bis zu diesem Augenblick war der Zwerg nur ein etwas kurz geratener Mann. Aber das Lächeln verwandelte ihn tatsächlich in eine schleimige, abscheuliche

Kröte. Die Kröte weidete sich ohne die geringste Scham an Lisas Ängsten. Sie hatte so viel Freude daran, dass ihr die Glubschaugen fast aus dem Kopf fielen. Kim überkam ein überwältigendes Bedürfnis, der Kröte ins Gesicht zu treten.

»Und Sie glauben, die Königin kommt Ihnen nicht drauf?«, fragte er äußerlich kühl.

Die Kröte musterte ihn aus den Augenwinkeln, ließ sich aber nicht wirklich von Lisa ablenken und hielt weiter den Degen auf sie gerichtet.

»Sie wird es gar nicht merken. Wer von euch Kaspern hat an der Tür der Concini gelauscht? Ihr seid der Marquise immer noch ein paar Antworten schuldig. Na, wer plaudert freiwillig? Oder muss ich die junge Dame mit dem Degen kitzeln?«

Kim hatte seinen Besen erst schräg gehalten und dann quer gefasst, scheinbar völlig absichtslos. Aber auf einmal zuckte seine Hand, sodass das borstige Ende des Besens hochschnellte und dem Zwerg den Degen aus der Hand schlug. Die Kröte kreischte auf und rannte davon. Kim wollte ihr nachsetzen, aber Dennis kam ihm in die Quere und dann war es zu spät. Da, wo der Zwerg verschwunden war, flappte ein Wandbehang. Als sie ihn lupften, entdeckten sie eine schmale Tür. Stimmen wurden dahinter laut.

»Das kann nichts Gutes bedeuten, los, weg hier!«, rief Robin und diesmal brauchten sie keine zweite Aufforderung. Nachdem sie das Zimmer eiligst verlassen hatten, preschten sie die Flure entlang und jagten die Treppen hinunter. Dennis keuchte wie ein verstopfter Blasebalg.
Noch war kaum jemand munter und so erreichten sie den Gang vor der Küche unbehelligt. Das letzte Stück schleppten sie sich allerdings nur noch vorwärts. Nicht nur, weil sie alle erledigt waren, sondern weil eine zentnerschwere Bedrücktheit auf ihnen lastete. Es erschien ihnen aussichtslos, Willie aus den Klauen des Zwergs zu befreien.
Als Tonton sie in der Küche empfing, sah seine Miene entschieden nach Gewitterwolke aus. Sobald aber Lisa in Tränen ausbrach, verzichtete er auf die Strafpredigt, die er ihnen zweifellos wegen der Verspätung zugedacht hatte. Er scheuchte sie in die Backstube und ließ sich von der vergeblichen Suche in aller Ausführlichkeit berichten. Bei der Erwähnung der Kröte legte sich seine Stirn in Sorgenfalten und als er begriff, welche Rolle der Spion der Königin in Bezug auf Willies Verbleib spielte, explodierte er vor Zorn.
»Dieser Schleimbeutel, diese Eiterbeule, diese Sumpfnatter, dieser ...« So ging es eine ganze Weile fort. »Ich werde mir was ausdenken müssen, wie ihr euren Hund zurück-

bekommt. Aber jetzt ist erst einmal Schluss. Ihr fallt mir ja noch um. Marsch! Ihr legt euch sofort schlafen.«

»Das geht nicht«, wandte Lisa ein, »wir müssen ...« Sie schwankte und Tonton fing sie auf.

»Ihr müsst schlafen, sonst ist mit euch überhaupt nichts mehr anzufangen. Vertraut mir. Immerhin wissen wir jetzt, wer euren Willie festhält.«

»Ich hätte da noch eine Frage«, meldete sich der unverbesserliche Dennis. »Was heißt das, der Mann ist ›der Zwerg der Königin‹? Ist er Zwerg von Beruf?«

Tonton wollte erst nicht antworten, ließ sich dann aber doch zu ein paar Erläuterungen hinreißen, während sie sich zu viert auf dem Strohsack ausstreckten und versuchten, in der Enge eine bequeme Lage zu finden. Der Koch erklärte ihnen, dass ein Zwerg so viel wie ein Statussymbol hoher Herrschaften war. Ein Zwerg im Dienst eines Herzogs oder Königs musste Musikinstrumente beherrschen und über viel Witz verfügen, denn er hatte die Aufgabe, seinen Herrn aufzuheitern und zu zerstreuen. Und besonders kluge spionierten nebenbei, was ihnen leichtfiel, da sie überall Zutritt erhielten. Die geringe Körpergröße war zwar eine Voraussetzung für den Posten, aber im Grunde genommen nicht die allerwichtigste.

»Wie spät ist es?«, fragte Dennis, als Tonton fertig war.

»Sieben«, antwortete Kim.

»Wecken Sie uns bitte in zwei Stunden?«, bat Dennis eindringlich.
Tonton wich seinem Blick aus. »Versprochen! In zwei Stunden mache ich euch wach.«
Mit einem unguten Gefühl schloss Kim die Augen und fiel sofort in Tiefschlaf.

Die Kutsche

Kims innerer Wecker, den er exakt auf neun Uhr gestellt hatte, rappelte mit deutlicher Verspätung. Das wusste er, sobald er wach wurde, aber sonst fand er sich nicht zurecht. Durchdringend roch es nach Mehl. Wieso Mehl? Sein Zimmer in Tante Bettys Haus roch völlig anders. Neben sich spürte er schlafende Körper, über ihm hing ein großer brauner Lappen, durch den nur wenig Licht sickerte. Unter ihm raschelte Stroh. Dann überfluteten ihn Erinnerungen, die er rasch sortierte. Er lag also mit den anderen in Tontons Backstube unterm Tisch. Aber wieso waren sie jetzt von Säcken umgeben? Wer hatte die ringsum aufgebaut? Und warum? Schließlich kam er drauf. Tonton hatte sie hinter Mehlsäcken und unter einer großen braunen Decke versteckt, und das hieß, er hatte befürchtet, dass die Kröte in der Küche nach ihnen suchen würde. Falls sie da gewesen war, hatte sie offensichtlich keinen Erfolg gehabt. Sonst hätte sich Kim wohl angekettet im Kerker wiedergefunden.

Er richtete sich auf und kroch über die Mehlsäcke hinweg. Hinter ihm regte sich Lisa, vielleicht hatte er sie wach gemacht, er wollte sich aber nicht vergewissern. Taumelnd kam er auf die Füße und hatte nur einen Gedanken: raus an die frische Luft.

In der Backstube herrschte Hochbetrieb. Bäckergesellen klatschten Teigklumpen auf die Tische, wie besessen hackten andere Mandeln und Haselnüsse klein oder siebten Mehl in riesige Schüsseln. Alle naselang wuselten Diener herein und rafften Körbe voll Brot an sich. Bäcker schrien aus vollem Hals Anweisungen. Zum ersten Mal in seinem Leben sehnte Kim sich nach ein bisschen Stille.

Wie spät war es überhaupt?

Elf Uhr.

Er erschrak. Sollte er doch die anderen wecken? Später, beschloss er. Auf dem Weg nach draußen steckte er den Kopf in den Brunnen und gab seinen Kopfläusen ein Vollbad. Hoffentlich ertranken ein paar. Sich die Hüfte kratzend, durchquerte er die vordere Küche und erblickte Tonton, der mit einem Mann verhandelte. Der Mann trug ein halbes Schwein auf dem Rücken. Kim machte, dass er rauskam, bevor Tonton ihn rufen konnte.

Im Hof atmete er mit geschlossenen Augen ein paarmal tief ein und aus. Danach reckte, streckte und dehnte er sich mit voller Konzentration, um zu prüfen, ob seine Glieder noch funktionierten. Als er sich endlich umsah, bemerkte er eine Kutsche.

Es war die von gestern, die mit den vier schwarzen, stampfenden Rössern davor. Kim hatte weder Lust noch die Absicht, den Pferden nahe zu kommen, die riesigen Biester waren ihm nicht geheuer. Auf dem Wagenschlag prangte ein Wappen in Gold und Blau und erinnerte ihn daran, dass die prächtige Kutsche dem König gehörte. Stand sie nur herum oder hatte Ludwig eine Ausfahrt vor?

Kim hatte die Frage gerade zu Ende gedacht, da trat Ludwig in den Hof. In Gedanken versunken, ging er auf seine Karosse zu. Ein Gardist riss eilig den Wagenschlag auf. Hinter der Kutsche tauchten zwei Männer auf, die Pferde am Zügel führten. Kims Blick flog zurück zu dem Mann am Wagenschlag, den der König nicht beachtete.

Der Mann war nicht Vitry, der Hauptmann, den Philipp ihnen gezeigt hatte, als er sie gestern bis zur Küche begleitete. Kim kniff die Augen zusammen. Mit diesem Mann hatte sich Hauptmann Braque mitten in der Nacht vor dem Billardtisch unterhalten. Das Gespräch klang Kim wieder in den Ohren und jetzt wurde ihm die Bedeutung klar.

Die Gardisten und der Mann am Schlag waren Braques Leute und damit Concinis. Und wie es ausschaute, machten sie sich bereit den König zu entführen.
Zwei der Männer samt der Pferde schoben sich zwischen Kim und Ludwig. Damit war ihm der direkte Weg zum König versperrt. Aber machte es überhaupt Sinn, den König anzusprechen? Würde er auf ihn hören? Auf einen Jungen im Putzkittel?
Während er noch zauderte, trat Philipp in den Hof.
Kim schnappte sich einen Holzeimer, der auf einer Stufe zum Trocknen stand, und rannte auf Philipp zu. In dem hässlichen Kittel musste man ihn für einen der zahllosen niedrigen Dienstboten halten, die jeder übersah. Philipp hatte jedenfalls nur Augen für den König. Kim tat so, als wenn er stolperte, ließ den Eimer fallen und rempelte den Pagen an. »Verzeihung«, sagte er laut und fügte leise hinzu: »Der König wird entführt. Am Wagen steht einer von Concinis Männern und …«
Philipp gab ihm einen Stoß. »Aus dem Weg, du Dreckskerl«, schimpfte er und ging unbeirrt weiter.
Selber Dreckskerl, dachte Kim, er war sich nicht sicher, ob Philipp ihn verstanden hatte. Verärgert über die rüde Abfuhr, rieb er sich die Brust und beschloss sich um gar nichts mehr zu kümmern. Er ging zurück zu den Stufen, die ins Küchengeschoss hinabführten.

In dem Hofviereck hallten die Stimmen, sobald sie etwas lauter waren. Als er Philipps hörte, lauschte er, obwohl er es eigentlich nicht wollte.

»Sire«, rief Philipp dem König zu, »verzeiht, aber Doktor Heroard besteht darauf, dass Ihr Euren Trank für die Galle noch zu Euch nehmt, bevor Ihr abfahrt. Ihr habt ihn vergessen.«

Die Reiter waren aufgesessen, Kim lief die Stufen wieder hoch und ging in die Hocke, um unter den Pferdeleibern hindurch zu beobachten, was sich tat.

»Der Gallentrank?«, fragte Ludwig gedehnt, einen Fuß auf dem Trittbrett der Kutsche. »Dann trink ich ihn eben später.«

Philipp zuckte die Schultern und legte eine Hand an den Kutschkasten, als wollte er gleich nach dem König einsteigen. »Allerdings würde es die Königin sehr ärgern, wenn Ihr Euch nicht an die Vorschriften Eures Leibarztes hieltet. Ihr wisst doch, wie besorgt sie immer ist.«

Die Königin besorgt? Für Kim klang das wie ein Witz. Ob der König den Witz verstand? Unschlüssig nahm er den Fuß herunter.

Kim spürte jemanden hinter sich. Es war Lisa.

»Concinis Leute versuchen gerade den König zu entführen«, informierte er sie.

»Was?«, schrie sie gedämpft auf. Da die Pferde ihr die Sicht versperrten, wich sie seitwärts zu der Tür hin aus, durch die Ludwig und Philipp den Hof betreten hatten. »Dann müssen wir ihn warnen.«

Kim war ihr gefolgt. »Nicht nötig«, sagte er.

Ludwig rückte umständlich seinen Federhut zurecht und stolzierte zurück zur Tür.

Währenddessen wandte sich Philipp sehr von oben herab an den Mann, der immer noch den Schlag offen hielt.

»Warten Sie hier mit den anderen auf uns und rühren Sie sich nicht vom Fleck«, wies er ihn an. Dann drehte er sich um und folgte mit langen Schritten dem König.

Lisa trat ihm in den Weg, aber er winkte sie mit einer hochmütigen Handbewegung beiseite. Nicht das leiseste Aufblitzen in seinen Augen verriet, dass er sie erkannt hatte. Sie sah in ihrem grauen Kittel aber auch wie eine Vogelscheuche aus. Kim nahm sie an die Hand und ging mit ihr zurück.

»Mach dir nichts draus«, brummte er.

»Ich verstehe das nicht«, sagte Lisa verdattert, »gestern Nacht war er viel netter.«

»Ist doch klar«, sagte Kim berechnend, »vor all den Leuten will er nicht von einer Küchenschlampe angesprochen werden.«

»Du meinst, er hat mich nicht erkannt?«, fragte Lisa. Forschend sah ihr Kim ins Gesicht. Dieses hübsche Gesicht mit den grünen Augen würde er immer und überall wiedererkennen, auch wenn es wie jetzt mit Dreck und Mehl verschmiert war.
»Doch, hat er«, sagte er überzeugt.

Tonton servierte ihnen Grütze zum Frühstück. Lustlos stocherten sie in dem grauen Papp herum. Die Rühreier lagen ihnen noch im Magen.
Lisa schimpfte mit Tonton, weil er sie nicht zur verabredeten Zeit geweckt hatte, aber sie schimpfte so lahm, als würde sie sich nur einer Pflicht entledigen. Ihre Gedanken waren wohl woanders.
Dennis fragte Tonton nach den fabelhaften Ideen, die er ihnen versprochen hatte. Tonton reagierte auf die Frage mit Verlegenheit. Wie sich herausstellte, hatte er nicht eine brauchbare, wie sie Willie aus den Klauen dieses Zwergs befreien sollten.
Die Kröte hatte als Lauschohr der Königin eine Machtposition inne. Es würde sehr schwierig werden, an den Zwerg heranzukommen. Was immer sie unternahmen, musste dreimal überlegt sein, damit sie nicht wieder mit Stricken gefesselt im Keller landeten. Mit wenig Aussicht auf Befreiung.

Voller Sorge dachte Kim daran, dass ihnen nur noch gut vier Stunden blieben. Die Zeit begann zu rasen.

Kurz darauf führte ein Küchenhelfer einen kleinen Pagen in die Ecke, in der ihnen der Koch das Frühstück serviert hatte. Der fremde Junge flüsterte Tonton lange etwas ins Ohr. Tonton nickte schließlich und stand schwerfällig von seinem Hocker auf.

»Macht euch hurtig zurecht. Zieht vor allem die Kittel aus und folgt mir.«

Er ging voran zu einem Ausgang aus der Küche, den sie noch nicht kannten. Hinter der schmalen Tür betrachtete Tonton zweifelnd den kleinen Jungen, als rechnete er mit irgendeiner Hinterlist.

»Ihr kehrt sofort um, wenn euch etwas nicht geheuer vorkommt«, flüsterte Tonton Kim zu. »Er hat gesagt, er kommt im Auftrag des Königs. Ich hoffe, er sagt die Wahrheit.«

»Bestimmt«, sagte Kim und merkte, wie die Besorgnis des Kochs auf ihn übersprang.

Robin musste in der Küche bleiben, auch wenn er noch so sehr protestierte.

»Nach dir hat keiner gefragt«, erklärte ihm Tonton unerbittlich.

In der Waffenkammer

Es war, als wenn sie der kleine Page durch ein völlig unbekanntes Gebäude führte. Über sehr schmale, ausgetretene Treppen – wahre Hühnerleitern – stiegen sie in die oberen Stockwerke hinauf. Oder sie folgten besonders engen, niedrigen Gängen, die ihnen das Gefühl vermittelten, sich auf streng geheimen Pfaden durch dicke, hohle Wände zu bewegen.

»Was sind das für Gänge?«, fragte Dennis beeindruckt.

»Die sind beim letzten Umbau übrig geblieben und in Vergessenheit geraten. Ich kenne sie auch erst seit Kurzem«, sagte der kleine Page schüchtern.

Immerhin musste er wissen, wohin er sie führte.

Schließlich gelangten sie an das obere Ende eines engen Treppenschachts. Der kleine Page leuchtete mit seiner Laterne und öffnete eine sehr, sehr schmale Tür. Dahinter erschien die Rückseite eines Wandbehangs, das hieß, es war nicht mehr als ein buntes Muster aus Wollfäden zu sehen. Der Page lupfte den Wandteppich gerade so weit, dass Kim über die Schulter des Jungen in einen Flur schauen konnte. Am Ende begann eine breite Treppe, die hinunterführte.

»Was kannst du sehen?«, wisperte Lisa hinter Kim, sie stand eine Stufe unter ihm.

»Bloß einen leeren Flur.«

Was sollten sie hier? Als Kim den Pagen auf den Flur hinausschieben wollte, um endlich selbst aus dem engen Schacht herauszukommen, stemmte sich der Kleine gegen ihn.

»Wir müssen auf das Zeichen warten.«

»Welches?«, fragte Kim ungeduldig.

»Still!«

Schritte und Stimmen klangen die Treppe herauf. Der Page ließ die Ecke des Wandbehangs fallen. Jetzt waren sie allein auf ihr Gehör angewiesen, um mitzubekommen, was sich auf dem Flur tat.

»Schließen Sie die Waffenkammer auf.«

Wer sprach da? Kim meinte, die Stimme schon einmal gehört zu haben, konnte sich aber nicht darauf besinnen, wo und wann. Auf jeden Fall vor nicht allzu langer Zeit hier im Louvre. Eine jugendliche Stimme, ein bisschen krächzend, ein bisschen stotternd.

Trotz des stummen Protests des Pagen lupfte Kim den Wandteppich, um hinauszusehen. Nicht weit von ihm stand der König vor einer Tür und wartete darauf, dass Braque sie aufschloss. Der Hauptmann stellte sich nicht gerade geschickt dabei an, er schien nervös zu sein.

»Werdet Ihr heute noch ausfahren, Sire? Ihr habt den Wagen nicht weggeschickt«, sagte der Hauptmann mit belegter Stimme.

»In einer Stunde breche ich auf«, antwortete Ludwig ruhig. »Sie dürfen sich zurückziehen. Warten Sie unten an der Treppe auf mich, Sie begleiten mich dann hinaus.«

Jetzt kam auch Philipp die Treppe herauf und verschwand mit dem König hinter der Tür, die Braque inzwischen geöffnet hatte. Der Hauptmann blieb davor stehen, langweilte sich bald jedoch sichtlich. Endlich wurde er das Warten leid und stieg die Treppe hinunter.

Kaum waren seine Schritte verklungen, schwang die Tür wieder auf. Philipp lugte heraus und winkte. Der kleine Page verließ als Erster das Versteck, hinter ihm huschten die anderen über den Flur.

Der Kleine durfte nicht mit hinein, sondern musste draußen aufpassen, ob Hauptmann Braque die Treppe wieder heraufkam.

»Nehmt mir mein ekliges Benehmen unten im Hof nicht übel«, bat Philipp Kim und Lisa. »Ich musste mich verstellen und durfte nichts tun oder sagen, was Verdacht erregte. Und bisher wussten wir ja auch nicht, ob wir euch trauen können. Hier kann jedes Wort eins zu viel sein.« Sein Blick flehte Lisa um Verständnis an. Ihre Augen leuchteten auf.

»Natürlich verstehen wir das. Und ich bin froh, dass wir jetzt Bescheid wissen. Mach dir keine Gedanken.« Sie legte ihm kurz die Hand auf den Arm, aber Philipp griff danach und hielt sie fest.

Kim sagte gar nichts, sondern verglich sich wieder mit dem hochgewachsenen, blonden Pagen und fand immer noch, dass er dabei nicht besonders gut wegkam. Ihm wäre es lieber gewesen, wenn Philipp ekelhaft und arrogant geblieben wäre. Verdrossen schaute er sich um und bemühte sich die beiden nicht mehr zu beachten.

An den Wänden hingen Hieb-, Stich- und Schusswaffen, Bögen und Armbrüste in Reihen übereinander und auf dem Boden standen sogar zwei kleine Kanonen. Die Kugeln lagen in einem Haufen daneben. Der König hatte eine Pistole in die Hand genommen und begann sie mit geübten Griffen zu zerlegen. Er kümmerte sich überhaupt nicht um seine Besucher und hatte auf ihre Verneigungen nur mit einem knappen Nicken reagiert. Was sollten sie also hier?

Das Rätsel löste sich zumindest teilweise, als noch weitere Besucher eintraten: Hauptmann Vitry, Breton und Doktor Heroard. Wahrscheinlich hatten auch sie den

Geheimgang benutzt. Sie hatten demnach auf diese Männer gewartet.

»Wem gehört dieses ganze Zeug hier?«, fragte Dennis erstaunt. Genau wie Kim hatte er sich ausgiebig umgeschaut.

»Dem König. Das ist seine private Sammlung«, antwortete Philipp gedämpft. »Es sind sehr alte Waffen dabei, die niemand mehr benutzt, aber König Ludwig kann mit allen umgehen. Er ist ein hervorragender Schütze.«

»Philipp!«, sagte der König und runzelte die Stirn. Hatte er sie gehört?

»Ja, Sire?«

»Bring mir einen Lappen!«

Mit dem Lappen, den Philipp ihm reichte, wischte der König die Einzelteile der Pistole ab.

»Was war das für eine Warnung, die du unten im Hof Philipp zugeflüstert hast?« Der König schaute Kim nur kurz an und arbeitete ruhig weiter. Vielleicht musste er in Stresssituationen seine Hände beschäftigt halten.

»Ich glaube«, sagte Kim vorsichtig, »ich sollte damit anfangen, was Dennis gestern zufällig aufgeschnappt hat. Ich weiß ja nicht einmal, ob meine Warnung berechtigt war.«

»Sie war es«, gab der König zu. »Und jetzt möchte ich von euch dreien erfahren, was dahintersteckt.«

Abwechselnd erzählten Kim, Lisa und Dennis, was sie über die Verschwörung gegen Ludwig und den Versuch, ihn zu entführen, wussten, und nannten diejenigen, die daran beteiligt waren.

Dass auch Hauptmann Braque zu den Verschwörern gehörte, verwunderte niemand. Er stand schon länger in Verdacht, zu Concinis Leuten zu gehören, wie Breton erklärte. Die Königin wurde mit keinem Wort erwähnt und doch war Kim ziemlich sicher, dass Ludwig an sie dachte. Ohne ihre Beteiligung machte das Komplott nicht wirklich Sinn.

»Das alles«, sagte Ludwig auf einmal offen, »ist sehr bitter für mich.«

»Und mit allem Respekt, so darf es nicht weitergehen. Wir wissen jetzt, dass Ihr unmittelbar bedroht seid, Sire!«, rief Breton.

»Ja«, sagte Ludwig, »dann sehen wir doch den Tatsachen ins Auge. Ich soll des Thrones enthoben und mein kleiner Bruder Gaston an meine Stelle gesetzt werden, damit die Königin eine zweite Regentschaft erhält und Concini an der Macht bleibt. Die Ausplünderung der Staatskasse würde weitergehen und keiner der Missstände, die Frankreich so großen Schaden zufügen, behoben.«

Kim beobachtete ihn genau. Ludwig schämte sich, als er das alles sagte, er schämte sich für seine Mutter, die mit ihm umging wie mit einer Schachfigur. Zufällig sah der König Kim an und dieser las aus seinem verhangenen Blick, was Ludwig all die Jahre an Demütigungen und Zurücksetzungen von seiner Mutter erduldet hatte. Und doch ging er nicht vor Zorn unter die Decke, sondern behielt seine sehr königliche Haltung. Bei einem fünfzehn Jahre alten Jungen war so eine Selbstbeherrschung beinahe unmenschlich.

»Lassen Sie sich das nicht gefallen«, murmelte Kim.

Ludwig lächelte ihn traurig an und wandte sich dann Hauptmann Vitry zu. »Wären Sie bereit, Concini festzunehmen, damit er unter Anklage gestellt werden kann? Ich glaube, wir haben genügend Beweise für Hochverrat.«

»Selbstverständlich«, entgegnete Hauptmann Vitry eifrig, »wenn Ihr es befehlt, nehme ich Concini noch heute fest.«

»Dann«, sagte Ludwig ernst, »könnte ich wirklich König sein.«

»Ihr dürft keine Zeit verlieren«, drängte Doktor Heroard, den der Bericht über die Beinahe-Entführung des Königs sichtlich mitgenommen hatte. Der Doktor war ein dicker älterer Mann, der jetzt aussah, als hätte ihn der Schlag getroffen. Er konnte sich kaum noch auf den Beinen halten und stemmte eine Hand gegen die Wand.

»Ist Concini heute schon in den Louvre gekommen?«, fragte Vitry.
»Die Pagen haben ihn ganz früh den Louvre verlassen sehen, aber ich denke, er wird wiederkommen, sobald er merkt, dass die Entführung nicht stattgefunden hat«, erklärte Breton.
»Dann werde ich sofort meine Leute verständigen. Wir werden ihn auf der Brücke abfangen«, sagte Hauptmann Vitry.
»Ja, veranlassen Sie alles Nötige!«, befahl der König. »Je eher Concini gefasst wird, desto besser. Machen Sie Ihre Arbeit gründlich.« Er schob energisch die Teile der Pistole wieder zusammen – ohne hinzusehen.
Lisa löste sich von Philipps Seite und machte einen zaghaften Schritt nach vorn. Philipp riss sie zurück.
»Nein«, zischte er.
»Aber Willie«, wandte Lisa ein, »mein Hund.«
»Was gibt es noch?«, fragte Ludwig.
»Nichts, Sire«, sagte Philipp rasch.
Der kleine Page steckte den Kopf zur Tür herein. »Hauptmann Braque«, wisperte er.
Alle wussten, was das bedeutete. Lisa kam nicht mehr dazu, ihrerseits dem König zu antworten, Philipp drängte sie zusammen mit Kim und Dennis hinaus. Hinter den drei Männern überquerten sie den Flur und verschwan-

den schnell in dem Schacht hinter dem Wandbehang. Nur Philipp und der König waren in der Waffenkammer geblieben.

»Was geschieht jetzt?«, fragte Dennis.

»Das hast du doch gerade gehört«, antwortete Breton, »der Hauptmann nimmt Concini fest, sobald er die Brücke zum Louvre betritt.«

»Hätte er das nicht schon früher tun können?«, hakte Dennis nach. »Warum erst jetzt?«

»Kommt mit «, antwortete Breton, »ihr könnt die Brücke von oben beobachten. Ich denke, Philipp wird zu uns stoßen und dann wird er euch alles Nötige erklären.«

Auf der Brücke zum Louvre

Breton wollte sie sofort verlassen, nachdem er sie in einen Raum geführt hatte, von dem sie eine gute Aussicht auf die Brücke hatten. Lisa versuchte noch, ihm das Problem mit Willie zu erklären, aber er hörte ihr nicht besonders aufmerksam zu. »Macht euch keine Gedanken um euren Hund«, unterbrach er sie. »Und – redet mit niemandem über das, was in der Waffenkammer besprochen worden ist, verstanden? Das Leben des Königs hängt von eurer Verschwiegenheit ab. Eigentlich müsste ich euch einsperren, bis alles vorüber ist. Aber ich vertraue euch. Ich stelle einen Gardisten zu eurem Schutz ab, er wird sich kurz bei euch melden, euch dann im Auge behalten und dafür sorgen, dass ihr nicht Concinis Leuten oder denen der Königin in die Hände fallt. Ihr bleibt entweder hier oder geht zurück in die Küche. Es wird sich alles finden, sobald Concini gefasst ist, dann haben wir Zeit für andere Dinge.« Er eilte davon.

»Der ist gut«, maulte Dennis, sobald Breton außer Hörweite war, »dem brennt die Zeit nicht so auf den Nägeln wie uns.«
»Wie spät?«, fragte Lisa. »Oder sag es mir nicht, sonst werde ich noch nervöser, als ich jetzt schon bin.«
Nach viel zu langem Warten kreuzte endlich Philipp auf.
»Philipp«, Lisa stürzte sich sofort auf ihn, »kannst du uns nicht helfen Willie zu befreien?« Schnell berichtete sie ihm, was es mit Willie, der Verwechslung mit dem Hund der Königin und dem Zwerg auf sich hatte.
»Wir müssen warten, bis …«, begann Philipp.
»Nein!«, widersprach Kim. »Speis uns nicht so ab! Warum hat Vitry Concini nicht längst verhaftet? Und was ändert seine Verhaftung? Die große Strippenzieherin ist doch Concinis Frau, die Marquise.«
Philipp starrte zum Fenster hinaus auf die Brücke.
»Das stimmt. Sie heckt die schlimmen Sachen aus und beeinflusst die Königin. Aber Concini unterhält eine Privatarmee. Damit hat er sich unangreifbar gemacht und kann Druck ausüben. Er ist immer von seinen Gardisten umgeben. Wenn wir ihn aber stürzen, hat die Concini niemanden mehr hinter sich und der König kann endlich seine rechtmäßige Macht ausüben. Dann muss auch die Königin klein beigeben. Sobald Concini unter Arrest steht, haben wir eine Chance, euren Willie zu befreien.«

»Wird es auf der Brücke zu einem Gefecht kommen?«, fragte Dennis aufgeregt.

Philipp deutete hinunter. »Ihr seht doch, dass es zwei sind. Über die breite rollen die Kutschen und die schmale benutzen die Fußgänger. Concini wird zu Fuß kommen, denn sein Stadtpalast liegt ganz in der Nähe.«

»Warte«, hakte Lisa ein, »er wohnt nicht im Louvre? Seine Frau wohnt doch hier.«

Philipp wurde etwas ungehalten über die Unterbrechung.

»Sie haben beide mehrere Residenzen. Der Marquis bleibt über Nacht fast nie im Louvre, er zieht seinen Stadtpalast vor.«

»Aber wie will ihn Hauptmann Vitry fertigmachen, wenn Concini mit seinen Gardisten kommt?«, fragte Dennis.

»Der Zugang zur Brücke ist so schmal, dass man sie nur hintereinander betreten kann. Sobald Concini auf der Brücke ist, werden seine Leute am Tor aufgehalten, sodass sie ihm nicht folgen können. Er wird also allein sein oder höchstens ein oder zwei Mann bei sich haben.«

»Das ist gut! Hauptmann Vitry kommt von der anderen Seite und fängt ihn ab.«

»So ungefähr, und jetzt muss ich zurück zum König. Unternehmt nichts auf eigene Faust wegen Willie. Es

könnte unsere Aktion gefährden. Kommt bloß nicht in die Nähe der Königin oder des Zwergs«, er zögerte einen Augenblick, »und betet darum, dass alles klappt.«
Er hatte etwas anderes sagen wollen, davon war Kim überzeugt. Der Page warf Lisa einen flehentlichen Blick zu und lief davon.
»Was sollen wir jetzt machen?«, fragte Lisa angespannt. »Ich halte das Warten nicht mehr länger aus. Wie viel Zeit bleibt uns?«
Jetzt wollte sie es doch wissen.
Es war zwei Uhr.
»Nur noch zwei Stunden«, jammerte Dennis, »mir wird ganz schwach in den Knien. Ich bin dafür, wir gehen zurück in die Küche. Ich brauche eine Stärkung.«
»Dacht ich's doch«, sagte Lisa, »in Krisensituationen denkst du als Erstes ans Essen.«
»Na schön«, sagte Kim, »ihr beide geht in die Küche. Tonton und Robin wollen sicher wissen, was los ist. Erzählt ihnen irgendwas, bloß nicht die Wahrheit. Ihr habt gehört, was Breton gesagt hat. Wir dürfen nichts verraten. Ich bleibe hier und beobachte die Brücke.«
Lisa sträubte sich zuerst noch, aber Kims Hinweis auf Tonton und Robin überzeugte sie schließlich. Als sie mit Dennis das Zimmer verließ, folgte ihnen eine Wache. Das war also Bretons Aufpasser für sie, er hatte sich nicht

die Mühe gemacht, sich bei ihnen vorzustellen. Oder war es doch nicht Bretons Mann? Kim war versucht, Dennis und Lisa nachzugehen, entschied sich aber dann, die Brücke weiter zu beobachten. Er wusste selbst nicht, warum er das für so wichtig hielt.

Sein Blick taxierte automatisch jeden, der die Brücke am gegenüberliegenden Torposten betrat. Je länger er das machte, desto automatischer lief die Prüfung ab. Hingucken, feststellen, dass es nicht die richtige Person war, dann zur nächsten. Frauen und Kinder nahm er nur ganz flüchtig wahr. Wonach er tatsächlich ausschaute, war ein Hut mit einem riesigen Strauß bunter, wippender Federn.

Ein Hut, den niemand übersehen konnte.

Nach ungefähr einer Stunde kehrten Lisa und Dennis mit Robin zurück und lenkten ihn ein bisschen ab. Er war sehr froh, die anderen wieder um sich zu haben. In der letzten Stunde hatte er sich doch einsam gefühlt, aber das erkannte er erst jetzt.

»Warum bist du nicht in die Küche gekommen?«, fragte Robin. »Tonton hat für uns Mandelkuchen gebacken.«

Lisa sagte etwas zur Ergänzung, aber Kim überhörte es. Denn in diesem Augenblick nahm er etwas wahr, was ihn geradezu elektrisierte. Alle Laute waren schlagartig ausgeblendet. Jetzt hatte er nur noch Augen im Kopf. Es

war reiner Zufall, dass er einen Mann, den er für sich bereits abgehakt hatte, noch einmal musterte – und erkannte.
Es war Concini!
Da unten spazierte Concini ohne seinen Federhut über die Brücke.
Der Marquis hatte jemanden bei sich, der hinter ihm ging und ihn auf etwas unten im Wehrgraben hinwies. Concini blieb stehen und schaute ins Wasser.
Erkannte ihn noch jemand ohne seinen Hut?
Wo steckte Hauptmann Vitry?
Angestrengt spähte Kim nach ihm aus.
Keine Spur von Vitry.
Unruhig kratzte sich Kim im Nacken und überlegte, ob er der Einzige war, der Concini auf der Brücke entdeckt hatte. Sein Puls beschleunigte sich. Was passierte, wenn Vitry den Marquis verfehlte?
Auf einmal wusste er, dass er handeln musste, er durfte nicht länger abwarten. Lieber was Blödes machen als gar nichts. Das Fenster ließ sich nicht öffnen. Vergeblich versuchte er den Riegel zu bewegen. Festgerostet. Kim wirbelte herum, rannte zur anderen Seite und probierte ein Fenster, das auf den Innenhof hinausging. Auch dieses Fenster klemmte. Mit einem Ruck riss er sich einen Stiefel vom Fuß und rammte den Stiefel durch die Scheibe.

Glas klirrte, ein großes Loch klaffte. Ihr spezieller Aufpasser, der Gardist, der wieder seinen Posten bei der Tür bezogen hatte, wurde aufmerksam. Kim steckte den Kopf durch das Loch. Unten hatte er Breton entdeckt. Zum Glück schaute Breton hoch, wahrscheinlich hatte er das splitternde Glas gehört.

»Concini!«, schrie Kim. »Auf der Brücke!«

Brüsk wurde er vom Fenster weggezogen, der Gardist umklammerte seinen Arm. Einen Augenblick glaubte Kim sich gegen ihn wehren zu müssen, aber er wollte nur eins. Er schrie selbst in den Hof hinab, nur lauter.

Breton winkte knapp und rannte davon, mit einer Hand hielt er seinen Hut fest.

Kim hetzte zurück zur anderen Seite. Inzwischen hatten auch Lisa und Dennis Concini ausgemacht. Aufgeregt pressten sie sich gegen das Fenster.

Der Marquis hatte bereits die halbe Brücke überquert. Anscheinend machte er sich noch keine Gedanken darüber, dass ihm nur ein Mann folgte. Die anderen mussten wie abgesprochen am Tor aufgehalten worden sein. Oder gleich verhaftet.

»Wo bleibt Hauptmann Vitry?«, flüsterte Lisa angespannt.

»Wieso wartet ihr auf Vitry?«, fragte Robin, der die ganze Aufregung nicht verstand.

Endlich trat Vitry mit zwei Gardisten unten auf die Brücke und lief sofort Concini entgegen. Drei gegen zwei. Jetzt hatte Concini erkannt, dass etwas gegen ihn im Gang war. Er schaute zurück, drehte sich wieder um, zog seinen Degen. Bis auf zwei Meter war Vitry an Concini herangekommen. Die beiden sprachen miteinander. Concini wich hastig zurück und hob den Degen, als auch der Hauptmann blankzog. Im Sonnenlicht blitzten die Klingen gefährlich auf. Die Gardisten hinter Vitry zückten Pistolen.

Lisa drehte sich abrupt um.

»Ich kann das nicht mit ansehen«, sagte sie gepresst.

Dennis legte beide Hände gegen die Scheibe.

Schlagartig wurde Kim der Mund trocken. Concini war ein Schuft und hatte Strafe verdient, aber es war eine ganz andere Sache, ihn jetzt um sein Leben kämpfen zu sehen. Der größte Fechter war er nicht, denn er schlug mehr blind als geschickt zu. Sein Begleiter konnte ihm kaum helfen, die Enge der Brücke ließ nicht viel Bewegungsspielraum zu. Auf einmal fielen Schüsse. Concini prallte rückwärts gegen das Brückengeländer, während Vitry ausholte und ihm die Klinge in den Leib rammte.

Kim kam es so vor, als spürte er einen Schlag in die Magengrube.

Jetzt drängten auch Vitrys Gardisten heran, rissen ihre Degen aus der Scheide und stachen auf Concini ein, obwohl er bereits zu Boden ging.

Dennis stöhnte und taumelte zurück.

»Was ist passiert? Sagt's mir!«, flehte Lisa.

Kim, der inzwischen mit dem Rücken zum Fenster dastand, sah noch einmal auf die Brücke hinunter. Er musste erst schlucken und die Kehle frei bekommen. Als er sprach, hörte sich seine Stimme heiser an.

»Concini hat sich gegen seine Festnahme gewehrt und Vitry und seine Männer haben ihn erstochen oder erschossen. Der andere, der ihn begleitet hat, gibt auf. Er lässt sich entwaffnen.«

»Ist Concini wirklich tot?«, fragte Dennis mit schwankender Stimme.

»Bestimmt.« Der Gardist war zu ihnen herübergekommen und hatte sich neben sie ans Fenster gestellt. »Hauptmann Vitry macht keine halben Sachen.«

Eine Weile schwiegen alle.

»Jetzt kann Ludwig unangefochten König sein«, sagte Dennis.

»Wenn Concini erledigt ist, können wir ja gehen«, sagte Lisa beinahe tonlos. Sie hatte es als Einzige vermieden, einen Blick auf den toten Concini unten auf der Brücke zu werfen.

Kim ahnte, woran sie dachte, ihr musste bewusst geworden sein, wie wenig Zeit ihnen blieb. Er zog die Uhr heraus.
»Wie spät?«, fragte Dennis beklommen.
»Halb vier«, antwortete Kim unruhig.
»Der Zwerg«, sagte Dennis bedeutungsvoll.
Lisa wandte sich an den Gardisten.
»Ich denke, wir brauchen jetzt keine Bewachung mehr. Würden Sie dem Pagen Philipp de Bonsart mitteilen, dass wir ihn dringend sprechen möchten?«
Der Mann schüttelte bedächtig den Kopf. »Solange ich keinen Gegenbefehl erhalte, kann ich euch nicht verlassen. Und bis dahin bleibt ihr hier.«
»Ich gehe Philipp holen!«, rief Robin und stob davon.
Lisa sah ihm verzweifelt nach. »Beeil dich!«, schrie sie.
»Er wird es nicht rechtzeitig schaffen«, murmelte Dennis und begann mit einem Finger Kringel und Linien auf die schmutzige Fensterscheibe zu zeichnen. »Wir sind hier«, fuhr er fort. »Rechts kommen zwei Räume, dann der Flur, die große Treppe, einer der Säle, schließlich ein Eckzimmer und von dort geht's in den Nordflügel.«
Kim begriff. Dennis teilte ihnen mit, dass er den Weg zu den Räumen der Königin genau kannte und dafür war, sich ohne Philipp auf die Suche nach dem Zwerg und nach Willie zu machen. Vermutlich war dies ihre einzige Chance. »Alles klar«, sagte er. »Lisa?«

»Alles verstanden«, sagte Lisa und begegnete dem misstrauischen Blick des Gardisten mit einem trügerisch harmlosen Lächeln.

»Jetzt!«, kommandierte Kim.

Sie spurteten los.

»He!«, schrie der Gardist. »Wohin wollt ihr?«

»Nach Hause!« Kim lief rückwärts. »Wir haben's eilig. Unsere Kutsche geht um vier.« Er drehte sich um.

Als sie an der großen Treppe vorbeisausten, kam Philipp gerade die Stufen heraufgehastet, Robin im Schlepptau. Robin winkte hektisch, trotzdem hielten sie nicht an, sondern rannten weiter, nur Lisa stockte kurz. Aber sie wusste ja selbst, dass jetzt weniger als eine halbe Stunde genügen musste, um Willie zu finden und zu Großvater Kaos Uhr zu gelangen. Keine Zeit für Erklärungen. Leute wichen ihnen aus, sie mussten um Hindernisse herumhetzen, Türen aufreißen. Bloß nicht stehen bleiben. Eine Wache trat ihnen entgegen. Philipps Stimme schallte auf einmal hinter ihnen. Der Page folgte ihnen also. Er brüllte der Wache etwas zu, der Mann drückte sich an die Wand. Philipp holte auf und lief neben Kim und Lisa her.

»Warum so eilig? Warum konntet ihr denn nicht warten, bis ich Zeit für euch habe? Ich hätte eigentlich noch eine Weile beim König bleiben müssen.«

Dieser Wichtigtuer, dachte Kim.

»Es geht um Willie«, keuchte Lisa. »Wenn du uns helfen willst, musst du uns einfach vertrauen.«
»Also gut, wohin?«, rief Philipp.
»Zum Zwerg der Königin.«
»Um Willie braucht ihr euch keine Sorgen mehr zu machen, er ...«, begann Philipp.
»Wieso?« Lisa blieb stehen.
Sie hatten die Räume der Königin erreicht. Philipp stieß die Tür zum Empfangszimmer auf. Sie sahen den Zwerg sofort, aber er war nicht allein. Er hielt einen kleinen, strampelnden Hund an sich gedrückt und vier Pagen richteten ihre Degen auf die beiden.
»Das wollte ich euch sagen«, erklärte Philipp stolz. »Ich habe Freunde von mir auf die Kröte angesetzt. Sie sind ihr gefolgt und haben sie hier gestellt. Mit dem Hund. Aber ob dies eurer ist, könnt nur ihr beurteilen.«
Der Hund hatte aufgehört zu strampeln und schaute alle feindselig an.
»Willie?«, rief Lisa zaghaft.
»Lassen Sie den Hund los!«, schnauzte Philipp die Kröte an. Langsam bückte sie sich und stellte den Hund auf die Füße. Dieser zog die Lefzen hoch und knurrte. Die Kröte grinste höhnisch.
Lisa ging auf die Knie und klopfte mit der flachen Hand auf den Boden. »Willie, komm her!«

»Das ist der Hund der Königin«, schnarrte der Zwerg und lachte triumphierend auf, »kommt und lasst euch von ihm beißen.« Ein Messer blitzte in seiner Hand auf.

»Schnappt ihn euch!«, befahl Philipp. Ein mordsmäßiges Handgemenge entstand, als sich die Pagen auf den Zwerg stürzten.

Kim hörte den kleinen Hund angstvoll aufjaulen. Hatte ihn der Zwerg mit seinem Messer verletzt? Er sah das Tierchen zwischen den Beinen der Pagen herumirren, hechtete vorwärts und warf sich über ihn. Sofort war Lisa neben ihm.

»Lass mich«, bat sie.

Vorsichtig richtete sich Kim auf und gab den Hund frei. Verletzt war er nicht.

»Willie?«, fragte Lisa gedämpft.

Der Hund schüttelte benommen den Kopf und wich zurück.

»Ich bin's, Willie.«

Der kleine Hund knurrte wieder und entblößte seine spitzen Zähne.

»Du kennst mich doch«, flehte Lisa.

Es hat keinen Zweck, dachte Kim, entweder ist er völlig durcheinander oder wir haben wieder den Falschen erwischt. Wahrscheinlich Letzteres. Er wollte Lisa gerade auf die Füße ziehen, da hob der Hund zögernd eine

Pfote, machte einen Schritt auf Lisa zu und stürzte sich in ihre Arme. Eine rosa Zunge erschien und leckte ihr das Gesicht ab. Lisa lachte vor Erleichterung und drückte Willie überglücklich an sich.

Dennis kniete sich neben die beiden und wurde auch abgeleckt.

»Das ist Willie«, sagte er überzeugt, »so sabbert er mich immer voll.«

Kim hatte mit Rührung zugeschaut, aber plötzlich langte er nach der Uhr, die an seinem Hals baumelte.

»Ich will ja nicht drängen«, sagte er, »aber es sind nur noch schätzungsweise sieben Minuten bis vier.«

Das brachte sie auf die Beine.

Philipp stand an der Tür und strahlte Lisa erwartungsvoll an. Sicher rechnete er mit einer Umarmung und einem zärtlichen Kuss als Belohnung, überlegte Kim selbstquälerisch. Da er nicht darauf erpicht war, zuzuschauen, wollte er sich abwenden.

Gerade wurde der Zwerg von den anderen Pagen hinausgeführt, aber noch in der Tür machten sie kehrt und marschierten zurück. Ihnen folgten die Königin und vier Gardesoldaten auf dem Fuß. Die Königin schäumte vor Wut.

»Was geht hier vor?«, kreischte sie und richtete ihre blauen vorquellenden Augen voller Abscheu auf Philipp.

Er verneigte sich. »Madame, verzeihen Sie unser Eindringen in Ihre Räume, aber Ihr Zwerg…«
»Sie haben schon wieder den Hund.« Die Concini war als Letzte eingetreten und ihm ins Wort gefallen. »Wachen, ergreift die drei Kinder und den Pagen gleich dazu! Das ist eine Verschwörung.« Vielleicht wusste sie noch nicht, dass ihr Mann tot war. Sie trug wieder Schwarz, an das musste sie sich als Witwe nicht erst gewöhnen.
Philipp versuchte sich wieder Gehör zu verschaffen und alles zu erklären. Noch zögerten die Wachen, dem Befehl der Concini zu folgen. Der Zwerg klatschte in die Hände und feixte, er hatte sich hinter der Königin verschanzt.
Kim stieß Dennis an und wies auf eine Seitentür. »Hinter der Tür muss der Raum liegen, wo's zur Wendeltreppe geht.«
»Stimmt.«
»Wenn das hier länger dauert, rennen wir los.«
»Einverstanden«, murmelte Lisa.
Philipp war mit seiner Erklärung fertig, aber die Königin glaubte ihm nicht.
»Wie spät?«, fragte Lisa zitternd, Willie im Arm.
»Sag Philipp auf Wiedersehen«, forderte Kim.
Lisa sah Philipp mit feucht schimmernden Augen an. »Mach's gut. Ich wünsche dir viel Glück in deinem Le-

ben.« Ein Abschiedsschmerz klang in ihrer Stimme auf, bei dem sich Kims Magen zusammenzog.
Dennis drückte Robin kurz an sich. »Lass es dir gut gehen, Kumpel, danke für deine Unterstützung und vergiss uns nicht. Grüß Tonton von uns.«
»Wieso?«, fragte Robin verwirrt.
»Jetzt«, sagte Kim. Er mochte nicht länger hinsehen und hinhören und es war sowieso höchste Zeit, zu verschwinden. Sie liefen auf die Tür zu.
Zwei grimmig dreinblickende Gardisten versperrten ihnen den Fluchtweg und waren gerade dabei, ihre Waffen zu ziehen.
»Nicht schon wieder«, stöhnte Lisa auf.
Höchstens noch drei oder vier Minuten bis vier.
Da gab es nichts zu überlegen.
Kim holte Schwung und sprang. Sein Fuß traf das Kinn des einen, sodass der Mann hintenüberkippte. Sofort wirbelte Kim herum und hieb dem anderen die Handkante in eine empfindliche Stelle oberhalb des Nabels. Der Gardist klappte wie ein Taschenmesser zusammen.
Der Weg zur Treppe war frei.
In vollem Lauf rasten sie die Windungen hinauf.
»Ich denke, du kannst kein Karate!«, rief Dennis.
»Kann ich auch nicht«, antwortete Kim. »Nur ein bisschen Kung Fu.«

»Das hättest du mir sagen sollen!«, ächzte Dennis atemlos.

»Wozu?«

Das letzte Stück lag vor ihnen, unten schrien die Wachen durcheinander.

»Es ist gleich vier!«, gab Kim an, als er das Ende der Treppe erreicht hatte. Einen Augenblick befürchtete er, dass die Tür zum Kabinett abgeschlossen oder die Uhr verschwunden war. Aber die Tür ließ sich problemlos öffnen und im Kabinett lagen unberührt die Lappen, unter denen die Uhr stecken musste. Dennis hielt die Tür auf.

Lisa wollte gerade ins Kabinett schlüpfen, da platzte Philipp in den Raum, er musste die Treppe heraufgeflogen sein. Ohne zu zögern packte er Lisa am Arm.

»Was heißt das, du wünschst mir Glück?«

»Die Wachen!«, schrie Dennis.

Alarmiert wandte sich Philipp um. Es waren wirklich zwei von den Wachen erschienen. Sie beeilten sich nicht, näher zu kommen, als wüssten sie, dass es aus den Räumen der Concini kein Entkommen gab.

Kim wickelte hastig die Uhr aus und klappte den Deckel auf. Der ganze Kasten vibrierte in seinen Händen. In dem Kristall in der Mitte der Uhr glühte der grüne Punkt auf, während die Zeiger und die unzähligen Rädchen rundherum zu routieren begannen.

Entschlossen trat Philipp den Wachen entgegen.

»Kann er sich allein gegen sie behaupten?«, fragte Lisa bang. Dennis zog sie ins Kabinett.

»Bestimmt«, tröstete er sie, »die Leute des Königs haben doch jetzt das Sagen. Aber selbst wenn die Wachen ihn festnehmen, wird das nicht für lange sein.«

Der Kristall strahlte und funkelte, sie konnten ihre Blicke nicht mehr davon abwenden. Mit einer Hand schloss Kim die Kabinettstür. Die Stimmen draußen klangen nur noch gedämpft, aber kurz bevor sie ganz verstummten, meinte er noch, die von Breton zu hören.

Die Zeiger drehten sich – in die richtige Richtung, die Zeit lief wieder vorwärts. Die Wände des Kabinetts wackelten, das ganze Ding rumpelte und klapperte, als wollte es auseinanderfliegen. Es löste sich tatsächlich auf. Der schreckliche Drehschwindel setzte ein. Willies Jaulen klang seltsam verzerrt.

Zurück!

Da waren sie wieder. Sie waren alle zusammen aus dem alten Schrank auf Tante Bettys Dachboden gestürzt, die Tür zitterte noch. Über ihnen klebte auf einem schwarzen Balken das mürbe Vogelnest, aus dem ein bisschen Staub herabrieselte.

Langsam kamen alle wieder zu sich.

Kim lag auf dem Rücken, schaute zum Vogelnest hinauf und fragte sich, wie er bloß Shanghai hatte verpassen können.

»Ich hoffe«, sagte Dennis, »aus Ludwig ist ein anständiger König geworden. Ich werde alles, was ich über ihn finden kann, nachlesen. Wisst ihr was? Wir haben in die Geschichte eingegriffen! Ludwig der Dreizehnte verdankt *uns* seinen Thron. Wenn das nichts ist!«

Er richtete sich langsam auf und starrte die Uhr neben Kim an. Kim streckte die Hand aus, als er Dennis' Blick bemerkte, und klappte den Deckel zu. Die Zeiger standen wieder still.

»Wir müssen unbedingt herausfinden, wie man die Uhr richtig einstellt«, erklärte Dennis. »Am besten mache ich mit meiner Digitalkamera Aufnahmen, die ich zu Hause am Computer auswerte.«
»Kinder?«, schrie Tante Betty von unten herauf. »Seid ihr oben?«
»Und was wir auch nicht wissen«, fuhr Dennis fort und wehrte Willie ab, der mit ihm spielen wollte, »ist, wann wir zurückgekommen sind. Wir waren vierundzwanzig Stunden weg, aber welchen Tag haben wir heute?«
»Warum antwortet ihr nicht?«, krähte Tante Betty erbost.
Kim schaute auf seine Armbanduhr und runzelte die Stirn.
»Gleiches Datum, gleiche Zeit wie bei unserer Abreise. Das heißt, es ist fünf Minuten nach vier und diese fünf Minuten sind wir bestimmt schon wieder zurück.«
Dennis stand auf und klopfte seine Hose ab. »Das ist cool. Vierundzwanzig Stunden Vergangenheit in nicht mal einer Sekunde Jetztzeit. Und was für eine Vergangenheit! Für unsere Taten haben wir eigentlich ein Denkmal verdient. Ein paarmal war's ja ziemlich brenzlig, aber sonst«, er grinste Kim an, »war's ungefähr das Größte, was ich bisher erlebt habe. Geht's dir auch so? Und wie ist es bei dir, Lisa?«

Lisa saß auf dem Fußboden, die Arme um die Knie geschlungen, und schaute verträumt vor sich hin.
»Philipp!«, stöhnte Dennis. »Vergiss ihn. Denk dran, dass seine Knochen seit über dreihundert Jahren im Grab vermodern.«
»Blödmann!«, fuhr Lisa auf.
»Aber vielleicht lässt dich Kim mit der Uhr zurückreisen, sobald wir den Dreh mit der Zeit- und Ortseinstellung heraushaben.«
Der Juckreiz war verschwunden, das war mit das Beste an der Rückkehr – und das Gefühl, nicht mehr in einer Wurstpelle zu stecken. Ansonsten war Kim genau wie Lisa noch nicht wieder ganz in seiner eigenen Zeit angekommen. Das würde auch noch eine Weile so bleiben. Aber dann würde er sich wieder mit Großvater Kaos Uhr beschäftigen, bis er wusste, wie er damit nach Shanghai gelangen konnte – *ein* Zeitreiseabenteuer genügte ihm vollauf.
»Vergiss es, Dennis«, sagte er, »wenn überhaupt, reise ich mit der Uhr nach Shanghai, um meinen Großvater zu besuchen. Er wartet auf mich.«
»Was treibt ihr denn da oben?«, schrie Tante Betty verärgert. »Wenn ihr nicht runterkommt, komme ich rauf.«
Lisa sprang auf und rannte zur Treppe. »Wir kommen sofort, gibt's Tee?«

»Ich verstehe«, sagte Dennis und ließ die Schultern hängen, »wir sind ja auch nur aus Versehen mitgekommen. Du kennst uns kaum und wir sind nicht deine Freunde. Deine *peng you*, stimmt's?«

Kim legte Dennis den Arm um die Schulter und ging mit ihm zur Treppe. »Ein *peng you* ist ein Freund, der dir einen Gefallen tut, damit du ihm auch einen tust.«

»Dann ist das kein richtiger Freund, meinst du das?«, fragte Dennis zweifelnd.

»Ich glaube nicht, dass du großen Wert darauf legst, mein *peng you* zu sein. Das, was du meinst, heißt *zhi yin*. Das ist ein Freund, der dir wirklich was bedeutet und an dem du hängst. Alles, was wir in den letzten vierundzwanzig Stunden miteinander erlebt haben, ist eine ganz gute Grundlage für eine echte Freundschaft, findest du nicht auch?«

»Und ich?«, fragte Lisa spitz und funkelte Kim an.

»Du kannst Philipp nachträumen«, sagte Dennis und fing sich einen Puff von seiner Schwester ein.

Sie stiegen die Bodentreppe hinab.

»Ich habe gerade gedacht«, sagte Dennis tiefsinnig, »es ist doch schade, dass wir kein Andenken mitgebracht haben – aber ich habe doch eins.«

»Was denn?«, riefen Lisa und Kim gleichzeitig.

Dennis schlug sich in den Nacken. »Einen Floh.«